Wortschatz Start Deutsch 1 und 2

스타트 도이취 1, 2 어휘장

저자 : Heiko Ital

감수 : Jin Kwon Park

Autor : Heiko Ital

The author is an Assistant Professor at the Department of German Interpretation and Translation at Hankuk University of Foreign Studies(Seoul, ROK). He made his master degrees in political sciences, history and education at the Philipps-Universität Marburg(Germany). He is also a doctoral candidate in European area studies at the Graduate School of International Studies at Seoul National University.

저자 : Heiko Ital(하이코 이탈)

- 한국외국어대학교 독일어통번역학과 교수
- 독일 마브르크 대학교(Philipps-Universität Marburg) 정치학, 역사학 및 교육학 석사
- 서울대학교 국제대학원 유럽지역학 박사수료

감수 : Jin Kwon Park(박진권)

- 한국외국어대학교 대학원 독일어과(석사)
- Dr. Ph. D. Ruhr Universität Bochum

Wortschatz Start Deutsch 1 und 2

스타트 도이취 1, 2 어휘장

초판 인쇄 : 2014년 1월 5일
초판 발행 : 2014년 1월 10일

저   자 : Heiko Ital
Oberaufsicht : Jin Kwon Park(박진권)
펴낸이 : 서 덕 일
펴낸곳 : 도서출판 **문예림**
등   록 : 1962. 7. 12 제2-110호
주소 : 서울특별시 광진구 군자동 1-13 문예하우스 101호
전화 : (02)499-1281~2
팩스 : (02)499-1283
http://www.bookmoon.co.kr
E-mail : book1281@hanmail.net

ISBN 978-89-7482-769-4(13750)

＊잘못된 책이나 파본은 교환해 드립니다.

Vorwort

Die Prüfungen Start Deutsch 1 und Start Deutsch 2 wurden vom Goethe-Institut entwickelt. Diese Prüfungen dokumentieren die ersten beiden Stufen - A1/A2 - der im Gemeinsamen europäischen Referenzrahmen beschriebenen sechsstufigen Kompetenzskala.

Die Stufe A bezeichnet die Fähigkeit zur elementaren Sprachverwendung. Mit erfolgreichem Abschluss dieser Prüfung haben Teilnehmende nachgewiesen, dass sie sich auf einfachste Weise auf Deutsch verständigen können. Sie haben gezeigt, dass sie Deutsch verstehen, sprechen und schreiben können.

Sie können

- in Alltagssituationen kurze, einfache Fragen, Anweisungen und Mitteilungen, Ansagen auf dem Anrufbeantworter, öffentliche Durchsagen sowie kurze Gespräche verstehen,

- für sie relevante Informationen aus schriftlichen Kurzmitteilungen, öffentlichen Hinweisschildern und Kleinanzeigen entnehmen,

- Zahlen, Mengen, Uhrzeiten und Preise nennen und verstehen,

Vorwort

- Formulare ausfüllen, in Bezug auf einfache und persönliche Angaben,

- kurze persönliche Mitteilungen schreiben,

- sich im Gespräch vorstellen und einfache Fragen zur Person beantworten,

- im Alltag gebräuchliche Bitten und Aufforderungen formulieren und darauf reagieren.

Start Deutsch 1 und 2 bestehen aus einer schriftlichen Einzelprüfung mit den Prüfungsteilen Hören, Lesen, Schreiben und einer mündlichen Gruppenprüfung.

Der "Wortschatz Start Deutsch 1 und 2" ist eine hervorragende Grundlage zum Bestehen der beiden Prüfungen. Durch die Kombination von koreanischen Vokabeln und den dazugehörigen deutschen Vokabeln - mitsamt der korrekten Aussprache - ist dieses Wörterbuch einzigartig im Bereich der gezielten Prüfungsvorbereitung.

Seoul, August 2013

Heiko Ital

들어가는 말

　　Start Deutsch 1와 Start Deutsch 2 시험은 독일 괴테문화원 (Goethe-Institut)이 개발한 것이다. 이 독일어학능력시험은 유럽의 주관기관들이 공동으로 구분해 놓은 6단계의 어학능력등급 가운데 첫 두 단계에 해당하는 A1와 A2로서 이 시험에 합격하면 공식적으로 어학능력을 증명 받는다.

　　A단계는 기본적인 언어사용 능력을 나타낸다. 이 시험을 효과적으로 마치게 되면 어학시험 참가자들은 가장 간단한 방법으로 독일어를 구사할 수 있음을 입증 받게 된다. 참가자들은 독일어를 이해하고, 말하고, 쓸 수 있음을 나타냈다고 증명받는 것이다.

　　참가자들은

- 일상의 상황에서 짧고 간단한 질문, 지시, 전달을 이해할 수 있고, 전화자동응답기에서 나오는 메시지, 공공 안내방송 내지는 간단한 대화를 이해할 수 있으며,

- 기록된 간략한 메시지, 공공 표지판과 간단한 광고들을 보고 자신들에게 중요한 정보들을 추측할 수 있으며,

- 수, 양, 시각 및 가격을 언급하고 이해할 수 있고,

- 간략하게 개인적인 진술과 관련하여 서류양식을 작성할 수 있고,

Vorwort

- 간단하게 개인적인 메시지를 쓸 수 있으며,

- 대화 중에 자기를 소개하고 개인신상에 대한 짧은 질문에 응답 할수 있고,

- 일상생활에 필요한 부탁과 요구를 표현하고 그것에 반응을 할 수 있다.

Start Deutsch 1와 2는 듣기, 읽기와 쓰기라는 개별시험과 짝과 함께 응시하는 구술 시험으로 구성된다.

두 가지 시험에 합격하기 위한 매우 우수한 기초가 바로 "Wortschatz Start Deutsch 1 und 2"(스타트 도이취 1, 2 어휘장)이다. 한국어 어휘와 거기에 해당하는 독일어 어휘들을 결합시켜 공부할 수 있고 정확한 발음과 더불어 익힐 수 있으므로, 이 사전은 여러분이 목표한 시험준비 분야에서 유일한 책 임에 틀림없을 것이다.

서울, 2013년 12월

Heiko Ital

독·한 어휘

독일어(발음)	한국어
ab 압	~로부터(시간)
ab wann? 압 반?	언제부터?
Abend (der), die Abende 아 – 벤트　　　　아 – 벤대	저녁
Abendkasse (die), die Abendkassen 아 – 벤트카쎄　　　　아 – 벤트카쎈	저녁 공연 전에 문을 여는 (극장) 매표소
Abendkurs (der), die Abendkurse 아 – 벤트쿠어스　　　　아 – 벤트쿠르재	야간강좌
aber 아 – 버	하지만
abfahren, fuhr ab, ist abgefahren 압파 – 랜　　푸 – 어 압　　압게파 – 랜	출발하다
Abfahrt (die), die Abfahrten 압파 – 르트　　　　압파 – 르탠	출발
abfliegen, flog ab, ist abgeflogen 압플리 – 갠　　플록 압　　압게플로 – 갠	이륙하다 (비행기가)
Abflug (der), die Abflüge 압플룩　　　　압플뤼 – 개	이륙
abgeben, gab ab, hat abgegeben 압게 – 밴　　갑 압　　압게게 – 밴	맡기다

독일어(발음)	한국어
abholen, holte ab, hat abgeholt 압홀－랜　　홀테 압　　　　압게홀트	데리러가다 (누구를)
ablehnen, lehnte ab, hat abgelehnt 압레－낸　　레－ㄴ테 압　　　압게레－ㄴ트	거절하다
Absage (die), die Absagen 압자－개　　　　　　압자－갠	취소
absagen, sagte ab, hat abgesagt 압자－갠　　작테 압　　　　압게작트	철회하다
Abschied (der), die Abschiede 압쉬－트　　　　　　압쉬－대	작별
Abschiedsgruß (der), die Abschiedsgrüße 압쉬－트그루－쓰　　　　　압쉬－트그뤼－쌔	작별 인사
Abschlussgrillen (das) 압슐루쓰그릴랜	종강 그릴 파티
Absender (der), die Absender 압젠더　　　　　　압젠더	발송인
Abteilung (die), die Abteilungen 압타일룽　　　　　　압타일룽앤	부서
Accessoire (das), die Accessoires 아세솨　　　　　　아세솨스	액세서리
ach 아흐	아아

독일어(발음)	한국어
Achtung! 악흐퉁	주의, 조심
Adresse (die), die Adressen 아드레쌔　　　　　　아드레쌘	주소
Aerobic-Kurs (der), die Aerobic-Kurse 애로-빅-쿠어스　　　　애로-빅-쿠르재	에어로빅 체조 코스
Afrika 아-프리카	아프리카
ah 아-	아
äh 애-	에
ah ja 아-　야	아 그렇지!
aha 아하	아하, 그렇군, 정말
Akkusativ (der), die Akkusative 악쿠-자티-프　　　악쿠-자티-배	사(4)격
Aktivität (die), die Aktivitäten 악티비태트　　　　악티비태탄	활동성
alle 알래	모두

독일어(발음)	한국어
Allee (die), die Alleen 알레– 알레–ㄴ	가로수 길
allein 알라인	홀로
alles 알랫스	전부
Alles Gute! 알랫스 구–테!	모든 일이 다 잘되기를!
Alles Liebe 알랫스 리–배	만사 순조롭기를 바랍 니다 (편지의 맺음말)
Alltagsgespräch (das), die Alltagsgespräche 알탁스게슈프랭히 알탁스게슈프랭해	일상대화
Alpen (die) 알–팬	알프스 산맥 (복수로만 사용)
als 알스	~으로서, ~했을 때
also 알조	그러니까
alt 알트	늙은, 낡은, 오래된
Alter (das) 알터	나이, 연령, 노년

독일어(발음)	한국어
am Apparat 암 압파라ー트	전화 받고 있는 ("전화 받고 있는데요", 전"접니다")
am besten 암 배스탠	가장 좋은
am liebsten 암 리ー브스탠	가장 좋아하는
am meisten 암 마이스탠	가장 많이
Ampel (die), die Ampeln 암펠　　　　　암펠른	교통 신호등
an 안	~가에, ~에
andere 안더래	다른 사람들
ändern, änderte, hat geändert 앤더른　앤더르태　게앤더르트	고치다, 변경하다
anders 안더스	다르게
Anfang (der), die Anfänge 안팡　　　　　안팽애	시작
anfangen, fing an, hat angefangen 안팡앤　　팡 안　　안게팡앤	시작하다

독일어(발음)	한국어
Anfrage (die), die Anfragen 안프라-개　　안프라-갠	문의, 조회, 질의
Angabe (die), die Angaben 안가-배　　안가-밴	언급
Angebot (das), die Angebote 안게보-트　　안게보-태	할인, 세일, 공급
angestellt 안게슈텔트	채용된
ankommen, kam an, ist angekommen 안콤맨　캄 안　안게콤맨	도착하다
ankreuzen, kreuzte an, hat angekreuzt 안크로이챈　크로이츠태 안　안게크로이츠트	(×) 표기하다
Ankunft (die), die Ankünfte 안쿤프트　안퀸프태	도착
Anlass (der), die Anlässe 안라쓰　안랫새	동기
anmachen, machte an, hat angemacht 안막핸　막흐태 안　안게막흐트	스위치를 켜다
Anmeldung (die), die Anmeldungen 안멜둥　안멜둥앤	신청, 신고, 등록
anprobieren, probierte an, hat anprobiert 안프로비-랜　프로비어테 안　안프로비어트	입어보다

독일어(발음)	한국어
Anrede (die), die Anreden 안레–대 　　　 안레–댄	호칭, 말 걸기
Anreise (die), die Anreisen 안라이재 　　　 안라이잰	도착
Anruf (der), die Anrufe 안루–프 　　　 안루–패	전화
Anrufbeantworter (der), die Anrufbeantworter 안루–프배안트보르터 　　　 안루프배안트보르터	자동응답기
anrufen, rief an, hat angerufen 안루–팬 　 리–프 안 　 안게루–팬	전화하다
Anrufer (der), die Anrufer 안루–퍼 　　　 안루–퍼	전화를 거는 사람
Ansage (die), die Ansagen 안자–개 　　　 안자–갠	안내, 통고
anschließen, schloss an, hat angeschlossen 안슐리–쌘 　 슐로쓰 안 　 안게슐로쌘	잡아매다
anschließend 안슐리–쌘트	뒤를 이어, 이어서, 다음에
Anschluss (der), die Anschlüsse 안슐루쓰 　　　 안 슐뤼쌔	연결, 접속 (교통편의)
ansehen, sah an, hat angesehen 안제–앤 　 자– 안 　 안게제–앤	살펴보다

독일어(발음)	한국어
anstellen sich, stellte sich an, hat sich angestellt 안슈텔랜 짇히 슈텔태 짇히 안 짇히 안게슈텔트	~행하다
antik 안틱	고풍의
Anti-Stress-Seminar (das), 안티 – 스트레쓰 – 제미나 –, die Anti-Stress-Seminare 안티 – 스트레쓰 – 제미나 – 래	항스트레스 세미나
Antwort (die), die Antworten 안트보르트 안트보르탠	대답
antworten, antwortete, hat geantwortet 안트보르탠 안트보르태 게안트보르테트	대답하다
Anweisung (die), die Anweisungen 안바이중 안바이중앤	지침
Anzeige (die), die Anzeigen 안차이개 안차이갠	광고
anziehen (sich), zog sich an, hat sich angezogen 안치 – 앤(짇히) 초 – ㄱ 짇히 안 짇히 안게초 – 갠	옷을 입다
Anzug (der), die Anzüge 안추 – ㅋ 안취 – 개	양복
Apartment (das), die Apartments 아파트망 아파트멘츠	아파트

독일어(발음)	한국어
Apfel (der), die Äpfel 압펠　　　　　앱펠	사과
Apfelessig (der) 압펠에씨히	사과식초
Apfelkuchen (der), die Apfelkuchen 압펠쿠헌　　　　압펠쿠헌	사과 케익
Apfelsaft (der), die Apfelsäfte 압펠자프트　　　압펠재프태	사과 주스
Apotheke (die), die Apotheken 아포테-캐　　　아포테-캔	약국
Apparat (der), die Apparate 압파라-트　　　압파라태	전화기(의 약칭), 장치, 기구
Appetit (der) 아페티트	식욕, 입맛, 밥맛
April (der) 아프리-ㄹ	사월 (단수로만 사용)
Aquafitness-Kurs (der), die Aquafitness-Kurse 아쿠바피트네스-쿠어스　　　아쿠바피트네스-쿠르재	수중헬스 코스
Arbeit (die), die Arbeiten 아르바이트　　　아르바이탠	일
arbeiten, arbeitete, hat gearbeitet 아르바이탠　아르바이테태　　게아르바이테트	일하다

독일어(발음)	한국어
Arbeiter (der), die Arbeiter 아르바이터　　　　　아르바이터	노동자, 근로자
arbeitslos 아르바이츠로-스	실업 상태의
Arbeitswoche (die), die Arbeitswochen 아르바이츠봉해　　　　　아르바이츠봉해	일하는 주일
Arbeitszimmer (das), die Arbeitszimmer 아르바이츠침머　　　　　아르바이츠침머	작업방
Architekt (der), die Architekten 아-히텍트　　　　　아-히텍탠	건축가, 건축기사, 설계사
Architektur (die), die Architekturen 아-히텍투-어　　　　　아-히텍투-랜	건축, 건축학, 건축
Arena (die), die Arenen 아레-나　　　　　아레낸	스타디움
Arm (der), die Arme 아름　　　　　아르매	팔
Arme (der/die), die Armen 아르맨　　　　　아르맨	불쌍한 남자/여자. 형용사 arm의 명사화
Artikel (der), die Artikel 아-티-캘　　　　　아-티-캘	관사
Arzt (der), die Ärzte 아르츌트　　　　　애르츌태	의사(남자)

독일어(발음)	한국어
Ärztehaus (das), die Ärztehäuser 애르츁테하우스　　　애르츁테호이저	의원, 작은 병원
Ärztin (die), die Ärztinnen 애르츁틴　　　애르츁틴낸	여의사
Arztpraxis (die), die Arztpraxen 아르츁트프락시스　　　아르츁트프락샌	의원, 개인
Arzttermin (der), die Arzttermine 아르츁트테어미-ㄴ　　　아르츁트테어미-내	진료 예약 날짜
Atmosphäre (die), die Atmosphären 아트모스패-래　　　아트모스패-랜	분위기
auch 아욱흐	역시, 또한, ~도
auf 아우프	~위에
auf Deutsch 아우프 도이춰	독일어로
auf Wiederhören 아우프 비-더회-랜	작별인사 (전화통화)
auf Wiedersehen 아우프 비-더제-앤	작별 인사
auf Zeit 아우프 차이트	제한된 시간에

독일어(발음)	한국어
Aufforderung (die) , die Aufforderungen 아웃프포-더룽　　　　　　　아웃프포-더룽앤	요구, 요청
aufmachen, machte auf, hat aufgemacht 아우프막핸　　　막흐태 아웃프　　　아웃프게막흐트	열다
aufpassen, passte auf, hat aufgepasst 아우프팟샌　　팟스태 아웃프　　　아웃프게팟스트	주의하다
aufräumen, räumte auf, hat aufgeräumt 아우프로이맨　　로임태 아웃프　　　아웃프게로임트	정리, 정돈하다, 치우다, 청소하다
aufschreiben, schrieb auf, hat aufgeschrieben 아우프슈라이밴　　슈리-ㅂ 아웃프　　아웃프게슈리-밴	적어 두다
aufstehen, stand auf, ist aufgestanden 아우프스테-앤 슈탄트 아웃프　　아웃프게슈탄댄	일어나다
aufwachen, wachte auf, ist aufgewacht 아우프박핸　　　박흐태 아웃프　　　아웃프게박흐트	깨어나다, 눈뜨다
Auge (das), die Augen 아우개　　　　　　아우갠	눈(目)
August (der) 아우구스트	팔월 (단수로만 사용)
Au-pair-Mädchen (das), die Au-pair-Mädchen 오-페어-매챈　　　　　　　오-페어-매챈	오페어, 가사 도우미 학생
aus 아웃스	~으로부터

독일어(발음)	한국어
Ausbildung (die), die Ausbildungen 아웃스빌둥　　　　　　아웃스빌둥앤	교육, 양성, 훈련
Ausdruck (der), die Ausdrücke 아웃스드룩　　　　　　아웃스드뤽캐	표현
Ausflug (der), die Ausflüge 아우스플룩　　　　　　아우스플뤼–개	소풍
ausführlich 아웃스퓨–얼맇히	상세하게, 자세히
ausfüllen, füllte aus, hat ausgefüllt 아웃스퓰랜 퓰테 아웃스　　　아웃스게퓰트	채우다
Ausgang (der), die Ausgänge 아웃스강　　　　　아웃스갱애	출구
ausgehen, ging aus, ist ausgegangen 아웃스게–엔 깅 아웃스　　아웃스게강앤	나가다, 외출하다
Auskunft (die), die Auskünfte 아우스쿤프트　　　아우스퀸프태	알림, 정보, 안내
Ausland (das) 아우쓰란트	외국 (단수로만 사용)
Auslandspraktikum (das), die Auslandspraktika 아우스란츠프락티쿰　　　　　–프락티카	외국에서의 실습 (견습)
ausmachen, machte aus, hat ausgemacht 아웃스막핸　　막흐태 아웃스　　아웃스게막흐트	끄다

독일어(발음)	한국어
ausprobieren, probierte aus, hat ausprobiert 아웃스프로비-랜　　프로비어태 아웃스　　아웃스프로비어트	시험하다, 음미하다
Ausruf (der), die Ausrufe 아웃스루-프　　　아웃스루-패	외침
Aussage (die), die Aussagen 아우스자-개　　　아우스자-갠	진술
ausschlafen, schlief aus, hat ausgeschlafen 아우스슐라-펜　스리-프 아우스　아우스게슐라-팬	충분히 자다
aussehen, sah aus, hat ausgesehen 아웃스제-앤　자- 아웃스　아웃스게제-앤	~처럼 보이다
Aussprache (die), die Aussprachen 아우스슈프랗해　　　아우스슈프랗핸	발음
aussprechen, sprach aus, hat ausgesprochen 아웃스슈프랳핸 슈프랗흐 아웃스　　아웃스게슈프롱핸	알리다, (말로) 나타 내다, 진술하다, 발음하다
aussteigen, stieg aus, ist ausgestiegen 아웃스슈타이갠 슈티-ㄱ 아웃스 아웃스게슈티-갠	내리다, 하차하다
Australien 아우스트랄-리앤	오스트레일리아
auswählen, wählte aus, hat ausgewählt 아우스밸-랜　　밸-태 아웃스　　　아웃스게밸-트	선택하다
Ausweis (der), die Ausweise 아우스바이스　　　아우스바이재	증서, 허가증, 면허증 Studentenausweis 학생증, Personalausweis 신분증

독일어(발음)	한국어
Auto (das), die Autos 아우토 　　　　　 아우토스	자동차
Automechaniker (der), die Automechaniker 아우토메햐—니커 　　　　 아우토메햐—니커	자동차 정비사
Automobil (das), die Automobile 아우토모빌 　　　　 아우토모빌—래	자동차
Autovermietung (die), die Autovermietungen 아우토페어미—퉁 　　　　 아우토페어미—퉁앤	자동차 렌트(임대)
Baby (das), die Babys 베—비 　　　　 베—비스	아기
Baby-Wäsche (die) 베—비—뱃섀	아기 속옷
backen, buk, hat gebacken 박캔 　　 북 　　 게박캔	빵을 굽다
Bäcker (der), die Bäcker 백커 　　　　 백커	제빵사
Bäckerei (die), die Bäckereien 백커라이 　　　　 백커라이앤	빵집
Bad (das), die Bäder 바—트 　　　　 배—더	욕실
Badeanzug (der), die Badeanzüge 바—데안추—ㅋ 　　　　 바—데안취—개	수영복

독일어(발음)	한국어
baden, badete, hat gebadet 바-덴 바-데태 게바-데트	목욕하다
Badewanne (die), die Badewannen 바-데반내 바-데반낸	욕조
Bahnhof (der), die Bahnhöfe 바-ㄴ호프 반회-패	역, 역사(驛舍)
Bahnsteig (der), die Bahnsteige 바-ㄴ슈타일 바-ㄴ슈타이개	승강장
bald 발트	곧
Balkon (der), die Balkone 발콩 발코-내	발코니
Banane (die), die Bananen 바나-내 바나-낸	바나나
Band (die), die Bands 밴드 밴즈	밴드(음악)
Bank (die), die Banken 방크 방캔	은행
Bauarbeiter (der), die Bauarbeiter 바우아르바이터 바우아르바이터	건설 노동자
Bauch (der), die Bäuche 바욱흐 보잎해	배, 복부

독일어(발음)	한국어
Bauchschmerzen (die) 바욱흐슈메르챈	복통 (복수로만 사용)
Baum (der), die Bäume 바움　　　　　보이매	나무
bayerisch 바이에리쉬	바이에른 지방의
beantworten, beantwortete, hat beantwortet 베안트보르탠　　베안트보르테태　　베안트보르테트	대답하다
Becher (der), die Becher 뱃혀　　　　　뱃혀	통 (작은), (작은) 잔
Befinden (das) 배핀댄	건강상태
beginnen, begann, hat begonnen 배긴낸　　배간　　배곤낸	시작하다
begrüßen, begrüßte, hat begrüßt 배그뤼–쌘　　배그뤼–쓰태　　배그뤼–쓰트	인사하다
Begrüßung (die), die Begrüßungen 배그뤼–쑹　　　　배그뤼–쑹앤	인사
behalten, behielt, hat behalten 배할탠　　배히–르트　　배할탠	간직하다, 소지하다, 지니다
bei 바이	~에 (어떠한 장소나 사안에 참여), 가까이, 곁에, 근처에

독일어(발음)	한국어
beide 바이대	둘
beides 바이대스	둘다
Bein (das), die Beine 바인 바이내	다리, 정강이
Beispiel (das), die Beispiele 바이슈피-ㄹ 바이슈피-ㄹ래	예 (例), 실례, 보기
bekannt 배칸트	알려진, 잘 알고 있는
Bekannte (der/die), die Bekannten 배칸태 배칸탠	아는 남자/ 아는 여자, 형용사 bekannt의 명사화
bekommen, bekam, hat bekommen 배콤맨 배캄 배콤맨	받다, 얻다
benötigen, benötigte, hat benötigt 배뇌-티갠 배뇌-틱테 배뇌-틱트	필요로하다
bereit sein, war bereit, ist bereit gewesen 배라이트 자인 봐 배라이트 이스트 배라이트 게베-잰	준비가 되어있다
Berg (der), die Berge 배르크 배르개	산
Beruf (der), die Berufe 배루-프 배루-패	직업

독일어(발음)	한국어
berühmt 베뤼-ㅁ트	유명한
Bescheid geben, gab Bescheid, 배샤이트 게-밴　　갑 배샤이트 **hat Bescheid gegeben** 　　배샤이트 게게-밴	결정을 알려주다
beschreiben, beschrieb, hat beschrieben 배슈라이벤　　배슈리-입　　배슈리-밴	묘사하다
besichtigen, besichtigte, hat besichtigt 배짛히티-갠　　배짛히틱태　　배짛히틱트	관람하다
besondere 배존더래	특수한
besonders 배존더스	특히
besser 배써	~보다 좋은(형용사 gut의 비교급)
Besserung (die) 배써룽	개선, 개량, Gute ~! 몸조리 잘 하세요(병문안 인사)
bestehen, bestand, hat bestanden 배슈테-엔　배슈탄트　　배슈탄댄	시험에 합격하다
bestellen, bestellte, hat bestellt 배슈텔랜　　배슈텔태　　　배슈텔트	주문하다

독일어(발음)	한국어
bestimmt 배슈팀트	틀림없이, 확실히, 정해진
Besuch (der), die Besuche 배주-ㄱ흐　　　배주-ㄱ해	방문
besuchen, besuchte, hat besucht 배주-ㄱ헌　배주-ㄱ흐태　배주-ㄱ흐트	방문하다
Besucher (der), die Besucher 배주-ㄱ허　　　배주-ㄱ허	방문객
betragen, betrug, hat betragen 배트라-갠　배트룩　　배트라-갠	~(액수)에 달하다
Betreff (der) 배트레프	관련 사항 (단수로만 사용)
Bett (das), die Betten 배트　　　　　배탠	침대
bewerben (sich), bewarb sich, hat sich beworben 배베르밴 (짛히)　배봐릅 짛히　　짛히 배보르밴	지망하다, 지원하다
Bewerbung (die), die Bewerbungen 배베르붕　　　　　배베르붕앤	지원, 지망, 지원
bewerten, bewertete, hat bewertet 배베르탠　배베르테태　　배베르테트	평가하다
bewölkt 배뵐크트	구름이 낀, 흐린

독일어(발음)	한국어
bezahlen, bezahlte, hat bezahlt 배차-ㄹ랜　　배차-ㄹ태　　배차-르트	지불하다, 계산하다
Bier (das), die Biere 비-어　　　　비-래	맥주
bieten, bot, hat geboten 비-탠　보-트　게보-탠	제공하다
Bild (das), die Bilder 빌트　　　　빌더	그림
bilden, bildete, hat gebildet 빌댄　빌데태　게빌데트	형성하다
Bildung (die) 빌둥	교육, 교양 (단수로만 사용)
billig 빌맇히	싼, 저렴한
Birne (die), die Birnen 비어내　　　　비어낸	배
bis 빗스	~까지
bis später 빗스 슈패터	나중에 만나!
bis wann? 빗스 반?	언제까지?

독일어(발음)	한국어
bitte 비태	실례지만
Bitte (die), die Bitten 빗태　　　　　빗탠	부탁, 청원, 당부
bitten, bat, hat gebeten 빗탠　　바트　　게베-탠	부탁하다
blau 블라우	파랑색의
bleiben, blieb, ist geblieben 블라이밴　블리-입　게블리-밴	머무르다, 있다
Bleistift (der), die Bleistifte 블라이슈티프트　　　블라이슈티프테	연필
Blick (der), die Blicke 블릭　　　　블릭캐	전망, 쳐다봄, 시선, 광경
Blume (die), die Blumen 블루-매　　　블루-맨	꽃
Bluse (die), die Blusen 블루-재　　　블루-잰	블라우스
Boah! 보아-!	아주 좋은데!
Boot (das), die Boote 보-트　　　보-태	보트

독일어(발음)	한국어
Bootsfahrt (die), die Bootsfahrten 보-츠파-르트 　　　보-츠파-르탠	뱃놀이
böse 뵈-재	나쁜, 성난
boxen, boxte, hat geboxt 복샌　복스태　게복스트	권투하다
Branche (die), die Branchen 브랑쉐　　　브랑쉔	직종, 분야, 영역, 부문
Bratwurst (die), die Bratwürste 브라-트부어스트　　브라-트뷰어스태	구운 소세지
brauchen, brauchte, hat gebraucht 브라욱헌　브라우흐태　게브라우흐트	사용하다
braun 브라운	갈색의
breit 브라이트	넓은
Brief (der), die Briefe 브리-프　　브리-패	편지
Brieffreund (der), die Brieffreunde 브리-프프로인트　　브리-프프로인대	펜팔 친구
Briefmarke (die), die Briefmarken 브리-프마르캐　　브리-프마르캔	우표

독일어(발음)	한국어
Brieftasche (die), die Brieftaschen 브리-프탓쉐　　　　　브리-프탓쉔	지갑
Brille (die), die Brillen 브릴래　　　　브릴랜	안경
Brot (das), die Brote 브로-트　　　브로-태	빵
Brötchen (das), die Brötchen 브뢰-챈　　　　　브뢰-챈	둥글고 작은 빵
Brotzeit (die), die Brotzeiten 브로-트차이트　　　　브로-트차이탠	간식시간
Brr! 브르~!	아주 춥다는 표시
Bruder (der), die Brüder 브루-더　　　　브뤼-더	남자형제
Buch (das), die Bücher 북흐　　　　뷯허	책
buchen, buchte, hat gebucht 북핸　　북흐테　　게북흐트	예약하다
Bücherregal (das), die Bücherregale 뷯허레갈-　　　　　　뷯허레갈-래	책꽂이
Buchhandlung (die), die Buchhandlungen 북흐한들룽　　　　　　북흐한들룽앤	서점

독일어(발음)	한국어
Buchladen (der), die Buchläden 북흐라–댄　　　　북흐래–댄	서점
Buchstabe (der), die Buchstaben 북흐슈타–배　　　　북흐슈타–밴	철자
buchstabieren, buchstabierte, hat buchstabiert 북흐슈타비–랜　　북흐슈타비어태　　북흐슈타비어트	철자(綴字)로 말하다, 철자하다, (낱말을) 자모로 분해하다
Buchung (die), die Buchungen 북훙　　　　북훙앤	예약
Bulgarien 불가–리엔	불가리아
Bundesland (das), die Bundesländer 분데스란트　　　　분데스랜더	연방을 구성하는 각 주(독일)
Büro (das), die Büros 뷰로–　　　뷰로–스	사무실
Bus (der), die Busse 붓스　　　붓새	버스
Bushaltestelle (die), die Bushaltstellen 붓스할테슈텔래　　　　붓스할테슈텔랜	버스 정거장
Business-Sprachkurs (der), 비즈니스–슈프라흐쿠어스 **die Business-Sprachkurse** 　비즈니스–슈프라흐–쿠르재	비즈니스를 위한 어학코스

독일어(발음)	한국어
Butter (die) 부터	버터
Café (das), die Cafés 카페-　　　　　카페스	커피숍
Camping (das) 캠핑	야영생활
Cent (der) 쎈트	센트
Chat (der), die Chats 채트　　　　　채츠	채팅
Chef (der), die Chefs 쉐프　　　　　쉐프스	장 (과, 부, 국의)
Chiffre (die), die Chiffren 쉬프래　　　　쉬프랜	암호
Christ (der), die Christen 크리스트　　　크리스탠	그리스도
circa (ca.) 치르카	약, 대략
City (die), die Citys 씨티　　　　　씨티스	도시, 도심, 시내
Clown (der), die Clowns 클라운　　　　클라운스	어릿광대

독일어(발음)	한국어
Cola (die), die Colas 콜-라　　　　콜-라스	콜라
Computer (der), die Computer 콤퓨-터　　　　콤퓨-터	컴퓨터
Computerfan (der), die Computerfans 콤퓨-터팬　　　　콤퓨-터팬스	컴퓨터 팬
Computerkenntnisse (die) (Plural) 콤퓨-터캔트니쌔	컴퓨터에 대한 지식 (복수로만 사용)
Computerkurs (der), die Computerkurse 콤퓨-터쿠어스　　　　콤퓨-터쿠르재	컴퓨터 코스
Computerspiel (das), die Computerspiele 콤퓨-터슈피-ㄹ　　　　콤퓨-터슈피-ㄹ래	컴퓨터 게임
da 다-	저기에
da drüben 다- 드뤼-밴	저기 저쪽에서
da hinten 다- 힌탠	저기 뒤에서
da oben 다- 오-밴	저기 위에서
da unten 다- 운탠	저기 아래에서

독일어(발음)	한국어
da vorne 다- 포르내	저기 앞에서
dabei haben, hatte dabei, hat dabei gehabt 다바이 하-밴　　하태 다바이　　하트 다바이 게합트	지참하고 있다
Dachgeschoss (das), die Dachgeschosse 닥흐게숏스　　　　　　닥흐게숏새	다락층
dafür 다퓨어	그 대신에, 그 목적을 위해
dagegen 다게-갠	~에 반하여, ~일에
dahin 다-힌	그곳으로
dahin, bis dahin 다-힌　빗스 다-힌	그 때까지
Dame (die), die Damen 다-매　　　　다-맨	숙녀
Damenkleidung (die) 다-맨클라이둥	숙녀복
Dampfbad (das), die Dampfbäder 담프바-트　　　　담프배-더	증기욕
danach 다-낙흐	그 후에

독일어(발음)	한국어
daneben 다-네-밴	그 곁에, 그것과
Dank (der) 당크	감사
danke 당캐	감사합니다
danken, dankte, hat gedankt 당캔　　당크태　　게당크트	감사하다
dann 단	~다음에, 그리고 나서
das 다스	이것은
das Sonstige 다스 존스티-개	그 밖의 것
Dativ (der), die Dative 다-티프　　　　다-티배	삼(3)격
Datum (das), die Daten 다-툼　　　　다-탠	날짜
Dauer (die) 다우어	기간, 지속 (단수로만 사용)
dauern, dauerte, hat gedauert 다우언　다우어태　　게다우어트	지속되다

독일어(발음)	한국어
definit 데피니트	확정된
dein/e 다인 다이네	너의
Dekoration (die), die Dekorationen 데코라치오-ㄴ 데코라치오-낸	장식
demokratisch 데모크라티쉬	민주주의
Demonstrativpronomen (das) 데몬스타라티-프프로노-맨	지시대명사
denken, dachte, hat gedacht 뎅캔 닥흐태 게닥흐트	생각하다
denn 덴	도대체, 그러면(뜻 없이 친절한 뉘앙스)
denn 덴	왜냐하면 (그 까닭은) ~이니까
Depression (die), die Depressionen 데프레씨오-ㄴ 데프레씨오-낸	우울증, 디프레스
deprimiert 데프리미어트	우울한
der 데어	남성 정관사 일(1)격

독일어(발음)	한국어
deshalb 데스할프	그 때문에, 그렇기 때문에
Dessert (das), die Desserts 데서트　　　　　　데서츠	후식
Deutsch 도이취	독일어
Deutsch als Fremdsprache 도이취 알스 프렘트슈프랗해	외국어로서의 독일어
Deutschbuch (das), die Deutschbücher 도이취북흐　　　　　　도이취뷯혀	독일어책
Deutsche (der/die), die Deutschen 도이췌　　　　　　도이췐	독일인
Deutsche Bahn (DB) (die) 도이췌 바ㅡㄴ (데베)	독일연방 철도청 (약칭)
Deutschkurs (der), die Deutschkurse 도이취쿠어스　　　　　　도이취쿠르재	독일어 코스
Deutschland 도이취란트	독일
deutschsprachig 도이취슈프랗히히	독일어권의
Deutsch-Zertifikat (das), die Deutsch-Zertifikate 도이취-체르티피카트　　　　도이취-체르티피카태	독일어 수료증서

| --- | --- |
Dezember (der) 데챔버	십이월 (단수로만 사용)
dick 딕	부은, 부어 오른
die 디-	그 (정관사: 여성단수)
Dienstag (der), die Dienstage 디-ㄴ스타-ㅋ　　　　디-ㄴ스타-개	화요일
dienstags 디-ㄴ스타-ㄱ스	화요일에
Dienstleistung (die), die Dienstleistungen 디-ㄴ스트라이스퉁　　　디-ㄴ스트라이스퉁앤	서비스 업
Dienstleistungsgespräch (das), 디-ㄴ스트라이스퉁스게슈프랲히 **die Dienstleistungsgespräche** 디-ㄴ스트라이스퉁스게슈프랲해	업무수행을 위한 대화 / 담화
diese 디-제	이, 저 (지시 대명사)
Diktat (das), die Diktate 딕타-트　　　　딕타-태	받아쓰기
diktieren, diktierte, hat diktiert 딕티-랜　　딕티어테　　　딕티어트	받아쓰게하다

독일어(발음)	한국어
Ding (das), die Dinge 딩　　　　　　　딩애	물건, 사건
Diplom (das), die Diplome 디플로-ㅁ　　　　　디플로-매	학위 증서
Diplomkaufmann (der), die Diplomkaufleute 디플롬카우프만　　　　디플롬카우프로이태	경상학사, 경상학 대학 졸업 증서
dir 디-어	너에게
direkt 디렉트	곧바로
Disko (die), die Diskos 디스코　　　　　디스코스	클럽, 디스코
Display (das) , die Displays 디스플레이　　　　디스플레이스	디스플레이, 전시, 진열
doch 독흐	하지만
Doktor (der), die Doktoren 독토어　　　　　독토-랜	박사, 의사
Dokument (das), die Dokumente 도쿠멘트　　　　도쿠멘태	문서, 자료
Dom (der), die Dome 도옴　　　　도-매	대성당

독일어(발음)	한국어
Domführung (die), die Domführungen 도움퓨-룽　　　　　도움퓨-룽앤	대성당 관람 안내
Donnerstag (der), die Donnerstage 돈너스타-ㄱ　　　　　돈너스타-게	목요일
donnerstags 돈너스탁스	목요일의, 목요일마다
Doppelbett (das), die Doppelbetten 도펠배트　　　　　도펠배탠	이인용 침대
Doppelzimmer (das), die Doppelzimmer 도펠침머　　　　　도펠침머	이인용 방
dort 도르트	저기에
Dose (die), die Dosen 도-재　　　　도-잰	캔, 깡통
dran 드란	그것에
draußen 드라우쌘	밖에서
dringend 드링엔트	절박한
Drogerie (die), die Drogerien 드로게리-　　　　드로게리-앤	약국 (처방전없는 약이나 화장품 파는)

독일어(발음)	한국어
drüben 드뤼-밴	저쪽에
Drucker (der), die Drucker 드룩커　　　　드룩커	프린트
du 두-	너
dumm 둠	어리석은, 미련한, 우둔
dunkel 둥캘	어두운
dunkel 둥캘	짙은 색의
dunkelrot 둥캘로-트	짙은 빨간색의
durch 두르히	~을 통과하여
Durchsage (die), die Durchsagen 두르히자-개　　　　두르히자-갠	공지사항 (확성기, 방송을 통한), 알리는 말
dürfen, durfte, hat gedurft 듀르팬　두르프태　게두루프트	~을 허락하다 (화법 조동사)
Durst (der) 두어스트	갈증

독일어(발음)	한국어
Dusche (die), die Duschen 두셰　　　　　　　　두셴	샤워시설
ebenso 에벤조–	~와 아주 똑같이, ~도
echt 애휠트	진짜의
Ecke (die), die Ecken 액캐　　　　　　　　액캔	귀퉁이, 모퉁이, 구석
effektiv 애펙티–프	효과적인
Ehefrau (die), die Ehefrauen 에–애프라우　　　　　에–애프라우앤	아내
Ehemann (der), die Ehemänner 에–애만　　　　　　　에–애매너	남편
Ei (das), die Eier 아이　　　　　아이어	계란, 닭걀, 알
eigene 아이게내	자기의, 자신의
ein bisschen 아인 비쓰핸	조금, 약간
ein paar 아인 파–	몇몇의

독일어(발음)	한국어
ein/e 아인/아이네	부정관사
einfach 아인팗흐	단지, 단순한, 간단한, 아주
Eingang (der), die Eingänge 아인강　　　　　아인갱애	입구
einholen, holte ein, hat eingeholt 아인호-ㄹ랜 홀테 아인　　　아인게홀트	구하다(정보를)
Einkauf (der), die Einkäufe 아인카우프　　　아인코이패	구입
einkaufen, kaufte ein, hat eingekauft 아인카우팬　　카우프태 아인　　아인게카우프트	구입하다
Einladung (die), die Einladungen 아인라-둥　　　　　아인라-둥앤	초대
Einlass (der) 아인라쓰	입장 허가 (단수로만 사용)
einmal 아인마-ㄹ	한번
einrahmen, rahmte ein, hat eingerahmt 아인라-맨　　라-ㅁ태 아인　　아인게라-ㅁ트	액자에 끼우다
einrichten, richtete ein, hat eingerichtet 아인리히탠　　리히테태 아인　　아인게리히테트	설비하다

독일어(발음)	한국어
einsteigen, stieg ein, ist eingestiegen 아인슈타이갠　슈티-ㄱ 아인　아인게슈티-갠	타다
eintragen, trug ein, hat eingetragen 아인트라-갠　트룩 아인　아인게트라-갠	기입하다
Eintritt (der), die Eintritte 아인트리트　아인트리태	입장
Eintrittskarte (die), die Eintrittskarten 아인트리츠카르태　아인트리츠가르탠	입장권
Eintrittspreis (der), die Eintrittspreise 아인트리츠프라이스　아인트리츠프라이재	입장료
Einwohner (der), die Einwohner 아인보-너　아인보-너	주민
Einzelfigur (die), die Einzelfiguren 아인첼피구어　아인첼피구-랜	개별 형상
einzeln 아인첼른	단독의
Einzelzimmer (das), die Einzelzimmer 아인첼침머　아인첼침머	일인실
Eis (das) 아이스	아이스크림 (단수로만 사용)
Eisenindustrie (die), die Eisenindustrien 아이젠인두스트리-　아이젠인두스트리앤	제철공업

독일어(발음)	한국어
Elan (der) 엘란	활력, 감격 (단수로만 사용)
elegant 엘레간트	우아한
Elektriker (der), die Elektriker 엘렉트리커　　　　　엘렉트리커	전기기사
Elektrogerät (das), die Elektrogeräte 엘렉트로게래-트　　　　엘렉트로게래-태	가전제품
Eltern (die) (nur Plural) 앨턴	부모(복수형으로 만 쓰임)
E-Mail (die), die E-Mails 이-메일　　　　　이-메일스	이메일
Empfänger (der), die Empfänger 앰팽어　　　　　앰팽어	수취인
Empfehlung (die), die Empfehlungen 앰펠-룽　　　　　앰펠-룽앤	추천
Ende (das), die Enden 앤대　　　　　앤댄	끝
enden, endete, hat geendet 앤댄　　앤대태　　게앤대트	끝나다
endlich 엔틀맂히	마침내

독일어(발음)	한국어
England 앵글란트	영국
Englisch 앵글리쉬	영어
Englischkurs (der), die Englischkurse 앵글리쉬쿠어스　　　　　　　앵글리쉬쿠르재	영어코스
Entfernung (die), die Entfernungen 앤트페르눙　　　　　　　앤트페르눙앤	거리
entscheiden, entschied, hat entschieden 앤트샤이댄　　　앤트쉬-트　　　앤트쉬-댄	결정하다
entschuldigen (sich), entschuldigte sich, 엔트슐-디겐　　　(짛히)　엔트슐딕태　　　짛히 **hat sich entschuldigt** 　　짛히　엔트슐딕트	용서하다
Entschuldigung (die), die Entschuldigungen 엔트슐-디궁　　　　　　　엔트슐-딩궁엔	사과
Entspannung (die), die Entspannungen 앤트슈판눙　　　　　　　앤트슈판눙앤	긴장 해소
er 애어	그(남자)
Erdapfel (der), die Erdäpfel 에어트압펠　　　　　에어트앱펠	감자

독일어(발음)	한국어
Erdgeschoss (das), die Erdgeschosse 애어트게숏스　　　　　　　애어트게숏새	일(1)층
erfahren, erfuhr, hat erfahren 애어파-팬　　애어푸-어　　애어파-랜	알게 되다
erforderlich 에어포덜맇히	필요한
erfragen, erfragte, hat erfragt 애어프라-갠 애어프락태　　애어프락트	신문하다
ergänzen, ergänzte, hat ergänzt 애어갠챈　　　애어갠츠태　　　애어갠츠트	보충하다
erklären, erklärte, hat erklärt 애어클래-랜 애어클래르태　　애어클래르트	설명하다
Erklärung (die), die Erklärungen 애어클래-룽　　　　　　애어클래-룽앤	설명
erlaubt 애얼라웁트	허용된, etwas ist erlaubt ~가 허용되어
ermäßigt 애어매씨히트	할인된
Ermäßigung (die), die Ermäßigungen 에어매-씨궁　　　　　　에어매-씨궁앤	할인
erreichen, erreichte, hat erreicht 애어라이핸　　애어라이히태　　애어라이히트	도달하다

독일어(발음)	한국어
erst 애어스트	맨처음의
Erwachsene (der/die), die Erwachsenen 애어박세내　　　　　　　　애어박세낸	어른(남자/여자)
erwarten, erwartete, hat erwartet 어어바르탠　애어바르테태　　　애어바르테트	기다리다
erzählen, erzählte, hat erzählt 애어채-ㄹ랜 애어채-ㄹ태　　애어채-ㄹ트	이야기하다
es 앳스	그것은(을)
es eilig haben, hatte es eilig, hat es eilig gehabt 앳스 아일릱히 하벤　하테 앳스 아일릱히　하트 앳스 아일릱히 게합트	급한, 신속한
es geht 앳스 게-트	그럭저럭 지내요
es gibt -> geben, gab, hat gegeben 앳스 깁트 게-밴　　　갑　　　게게-밴	~가 있다 (there is/are)
Essen (das) 애쌘	음식
essen, aß, hat gegessen 애쌘　　아-쓰　게게-쌘	먹다
Essig (der) 애씨히	식초

독일어(발음)	한국어
Esslöffel (der), die Esslöffel (kurz: EL) 애쓰뢰펠 애쓰뢰펠 (간단히: 에엘)	숟가락(큰)
etwa 애트바–	약, 대략
etwas (was) 에트밧스(밧스)	어떤 것
euer/eure 오이어/오이레	너희들의. Ihr의 소유대명사
Euro (der), die Euros 오이로 오이로스	유로
Europa 오이로파	유럽
exotisch 액소–티쉬	이국풍의
Experte (der), die Experten 액스페르태 액스페르탠	전문가
Exportkaufmann (der), die Exportkaufleute 엑스포–트카우프만 엑스포–트카우프로이태	수출 상인
Extra (das), die Extras 엑스트라 엑스트라스	추가적인 것
Fabrik (die), die Fabriken 파브리–크 파브리–캔	공장

독일어(발음)	한국어
Fähigkeit (die), die Fähigkeiten 패-이히카이트　　　패-이히카이탠	능력
fahren, fuhr, ist gefahren 파-렌　　푸-어　　게파-랜	타고 가다
Fahrkarte (die), die Fahrkarten 파-카르태　　　　파-카르탠	차표
Fahrkartenautomat (der), 파-카르탠아우토마-트 **die Fahrkartenautomaten** 파-카르탠아우도마-탠	승차권 자동판매기
Fahrplan (der), die Fahrpläne 파-플란　　　　　파-플래-내	운행시간표
Fahrrad (das), die Fahrräder 파-라-트　　　　파-래-더	자전거
Fahrrad fahren, fuhr Fahrrad, 파-라-트 파-랜　　푸어 파-라-트 **ist Fahrrad gefahren** 이스트 파-라트 게파-랜	자전거를 타다
Fahrradhelm (der), die Fahrradhelme 파-라-트헬름　　　　파-라-트헬매	자전거 헬멧
Fahrradkurier (der), die Fahrradkuriere 파-라-트쿠리-어　　　파-라-트쿠리-어	자전거 배달원

독일어(발음)	한국어
Fahrradschloss (das), die Fahrradschlösser 파-라-트슐로쓰　　　　　　파-라-트슐뢰써	자전거 자물쇠
Fahradständer (der), die Fahradständer 파-라-트슈탠더　　　　　　파-라-트슈탠더	자전거 주차대
Fahrradverleih (der) 파-라-트페어라이	자전거 대여 (단수로만 사용)
falsch 팔쉬	틀린
Familie (die), die Familien 파밀리-에　　　　　　파밀리-엔	가족
familienfreundlich 파밀리-엔프로인틀리히	가족에 호의적인
Familienname (der), die Familiennamen 파밀리-엔나-매　　　　　　파밀리-엔나-맨	성씨
Fan (der), die Fans 팬　　　　　　팬스	팬
Farbe (die), die Farben 파르배　　　　　　파르밴	색
Farblichttherapie (die), die Farblichttherapien 파릅리히트테라피-　　　　　　파릅리히트테라피앤	칼라 광선치료 (요법)
Fasching (der) 파쉥	카니발, 사육제 (단수로만 사용)

독일어(발음)	한국어
Fasnacht (die) 파스낙흐트	참회절, 참회 화요일(단수로만 사용)
fast 파스트	거의
Fax (das), die Faxe 팍-스　　　　　팍-새	팩스
Februar (der) 페-부아-	이(2)월 (단수로만 사용)
Fehler (der), die Fehler 페-ㄹ러　　　　　페-ㄹ러	오류, 실수, 잘못
Feier (die), die Feiern 파이어　　　　　파이어른	기념축제
Feiertag (der), die Feiertage 파이어탁-　　　　　파이어타-개	공휴일, 경축일
fein 파인	모양새가 고운, 정교한, 섬
feminin 페미닌	여성의
Fenster (das), die Fenster 펜스터　　　　　펜스터	창, 창문
Ferienwohnung (die), die Ferienwohnungen 페리엔보-눙　　　　　페리엔보-눙앤	별장(휴가를 보낼)

독일어(발음)	한국어
Fernsehen (das) 페른제-엔	텔레비전 (단수로만 사용)
fernsehen, sah fern, hat ferngesehen 페른제-엔　자- 페른　페른게제-앤	텔레비전을 보다
Fernseher (der), die Fernseher 페른제-어　페른제-어	텔레비전
Fernsehprogramm (das), die Fernsehprogramme 페른제-프로그람　페른제-프로그라매	TV프로그램
Fernsehsendung (die), die Fernsehsendungen 페른제-젠둥　페른제-젠둥앤	텔레비전 방송
Fertiggericht (das), die Fertiggerichte 페르팅히게리히트　페르팅히게리히태	인스턴트 식품
Fest (das), die Feste 페스트　페스태	축제
Feuer (das), die Feuer 포이어　포이어	불
Feuerzeug (das), die Feuerzeuge 포이어초익　포이어초이개	라이터
Fieber (das) 피-버	열, 열병 (단수로만 사용)
Figur (die), die Figuren 피구-어　피구-랜	형상, 몸매, 체격

독일어(발음)	한국어
Figurengruppe (die), die Figurengruppen 피구-랜그루패　　　　　　　피구-랜그루팬	인형 그룹
Film (der), die Filme 필름　　　　　필르메	영화
Filmstudio (das), die Filmstudios 필름스투-디오　　　　필름스투-디오스	영화 촬영소
finden, fand, hat gefunden 핀댄　　판트　　게푼댄	발견하다
Finger (der), die Finger 핑어　　　　　핑어	손가락
Finne (der), die Finnen; Finnin (die), die Finninnen 핀내　　　　　핀낸;　핀닌　　　　　핀닌낸	핀란드 사람
Finnisch 핀니쉬	핀란드어
Finnland 핀란트	핀란드
Firma (die), die Firmen 피르마　　　　피르맨	회사
Fisch (der), die Fische 핏쉬　　　　　핏쉐	생선
Fischwoche (die), die Fischwochen 피쉬복해　　　　　피쉬복핸	생선 특별할인 주간

독일어(발음)	한국어
fit 피트	컨디션이 좋은
Fitnessangebot (das), die Fitnessangebote 피트네스안게보-트　　　　피트네스안게보-태	헬스상품
Fitness-Studio (das), die Fitness-Studios 피트네스스투-디오　　　　피트네스스투-디오스	헬스 센터
Flasche (die), die Flaschen 플랏셰　　　　플랏샌	병
Fleisch (das) 플라이쉬	고기
Fleischer (der), die Fleischer 플라이셔　　　　플라이셔	정육점 주인
Fleischhauer (der), die Fleischhauer 플라이쉬하우어　　　　플라이쉬하우어	오스트리아의 정육점 주인
fliegen, flog, ist geflogen 플리-갠　플록　게플로-갠	날다
Flug (der), die Flüge 플룩　　　　플뤼-개	날기
Flugbegleiterin (die), die Flugbegleiterinnen 플룩베글라이터린　　　　플룩베글라이터린낸	비행기의 여자 승무원
Flughafen (der), die Flughäfen 플룩하-팬　　　　플룩해-팬	공항

독일어(발음)	한국어
Flugnummer (die), die Flugnummern 플룩눔머　　　　　　　플룩눔머른	항공기/비행기번호
Flugticket (das), die Flugtickets 플룩티켓　　　　　　　플룩티켓츠	항공권
Flugzeug (das), die Flugzeuge 플룩초익　　　　　　　플룩초이개	비행기
Flur (der), die Flure 플루어　　　　플루–래	복도
Fluss (der), die Flüsse 플루쓰　　　　플뤼쌔	강, 하천
Folge (die), die Folgen 폴개　　　　폴갠	연속, 계속, 결과, 결말
folgende 폴겐대	다음의
Formular (das), die Formulare 포물라–　　　　　　포물라–래	양식
formulieren, formulierte, hat formuliert 포–물리–랜　　　포–물리어테　　　포–물리어트	간명하게 표현하다
Foto (das), die Fotos 포–토　　　　포–토스	사진
Fotoapparat (der), die Fotoapparate 포–토–압파라–트　　　　포–토압파라–태	사진기

독일어(발음)	한국어
fotografieren, fotografierte, hat fotografiert 포토그라피-랜　　포토그라피어태　　포토그라피어트	사진 촬영하다, 사진 찍다
Frage (die), die Fragen 프라-개　　　　　프라-갠	질문
Frageartikel (der) 프라-게아티-캘	의문사
Fragebogen (der), die Fragebögen 프라-개보-갠　　　　　프라-개뵈-갠	설문지
fragen, fragte, hat gefragt 프라-겐 프락태　　　게프락트	질문하다
Französisch 프란최-지쉬	프랑스어
Frau (die), die Frauen 프라우　　　　　프라우앤	여자
frei 프라이	자유로운
Freitag (der), die Freitage 프라이타-ㅋ　　　　프라이타-개	금요일
Freitagnachmittag (der), die Freitagnachmittage 프라이탁낙흐미타-ㅋ　　　　프라이탁낙흐미타-개	금요일 오후
Freizeit (die) 프라이차이트	자유시간 (단수로만 사용)

독일어(발음)	한국어
Freizeitstress (der) 프라이차이트스트레쓰	여가 스트레스 (단수로만 사용)
Freizeit-Terror (der) 프라이차이트-테로-어	여가가 주는 괴로움 (단수로만 사용)
fremd 프렘트	낯선
Fremde (der/die), die Fremden 프렘대　　　　　　　프렘댄	낯선 남자/ 낯선 여자
Fremdsprache (die), die Fremdsprachen 프렘트슈프랗해　　　　프렘트슈프랗핸	외국어
Freude (die), die Freuden 프로이대　　　프로이댄	즐거움
freuen sich, freute sich, hat sich gefreut 프로이앤 짇히　프로이태 짇히　　짇히　게프로이트	기뻐하다
Freund (der), die Freunde 프로인트　　　　프로인대	친구(남자)
Freundin (die), die Freundinnen 프로인딘　　　　프로인딘낸	여자친구
freundlich 프로인틀리히	친절한
freut mich 프로이트 믿히	반갑습니다

독일어(발음)	한국어
Frikadelle (die), die Frikadellen 프리카델래　　　　　　　프라카델랜	프리카델레(독일식 비프스테이크)
Friseur (der), die Friseure 프리죄-어　　　　　　프리죄-래	미장원, 미용실, 이발사, 미용사
Frisör (der), die Frisöre 프리죄어　　　　　　프리죄-래	미장원, 미용실, 이발사, 미용사
Frisörtermin (der), die Frisörtermine 프리죄-어테어미-ㄴ　　　프리죄-어테어미-내	미장원 예약일
Frisur (die), die Frisuren 프리주-어　　　프리주-랜	헤어스타일
Frohe Ostern! 프로-에 오스턴!	즐거운 부활절 되세요!
Frohe Weihnachten! 프로-에 바이낙흐탠!	즐거운 크리스마스 되세요!
Frohes Fest! 프로에스 페스트!	즐거운 명절 되세요!
früh 프뤼-	이른
früher 프뤼-어	이전에
Frühling (der) 프뤼-ㄹ링	봄(단수로만 사용)

독일어(발음)	한국어
Frühstück (das), Frühstücke 프뤼-슈틱　　　　　프뤼-슈틱개	아침식사
frühstücken, frühstückte, hat gefrühstückt 프뤼-슈튀캔　　　프뤼-슈튀크태　　　게프뤼슈튁크트	아침을 먹다
Frühstücksbrötchen (das), 프뤼-슈틱스브뢰-챈, **die Frühstücksbrötchen** 프뤼-슈틱스 -브뢰-챈	아침에 먹는 빵
Frühstücksbuffet (das), die Frühstücksbuffets 프뤼-슈틱스뷔페-　　　　　프뤼-슈틱스뷔페스	아침식사용 뷔페
fühlen (sich), fühlte sich, hat sich gefühlt 퓌-ㄹ랜 (짛히)　　퓌-ㄹ태 짛히　　　짛히 게퓌-르트	느끼다
führen, führte, hat geführt 퓨-랜　　퓨-르테　　게퓨-르트	인도하다
Führerschein (der), die Führerscheine 퓌-러샤인　　　　　　퓌-러샤이내	운전면허증
Führung (die), die Führungen 퓨-룽　　　　　퓨-룽앤	안내(여행)
Fundbüro (das), die Fundbüros 푼트뷰로-　　　　푼트뷰로-스	분실물 보관소
funktionieren, funktionierte, hat funktioniert 풍치오니-랜　　　풍치오니어태　　　풍치오니어트	작동하다, 기능을 발휘하다

독일어(발음)	한국어
für 퓨어	~을 위하여 (4격전치사)
Fuß (der), die Füße 푸-쓰　　　　　뮈-쌔	발
Fußball (der), die Fußbälle 푸-쓰발　　　　　푸-쓰밸래	축구
Fußball spielen, spielte Fußball, 푸-쓰발 슈피-ㄹ랜　슈필-태 푸-쓰발 **hat Fußball gespielt** 푸-쓰발 게슈피-ㄹ트	축구를 하다
Fußballspiel (das), die Fußballspiele 푸-쓰발 슈피-ㄹ　　　　푸-쓰발슈피-ㄹ래	축구경기
Fußpflege (die) 푸-쓰플레-개	발미용
füttern, fütterte, hat gefüttert 퓨터른　퓨터르태　게퓨터르트	자료를 주다, (동물에게)
futuristisch 푸투-리스티쉬	미래의
Gameboy (der), die Gameboys 게임보이　　　　　게임보이스	게임보이 (휴대용 게임기)
Game-Designer (der), die Game-Designer 게임-디자이너　　　　게임-디자이너	게임 디자이너

| --- | --- |

독일어(발음)	한국어
ganz 간츠	완전한
ganzjährig 간츠얘-리히	일년 내내, 연중
gar nicht 가- 닣히트	조금도 아니다
Garten (der), die Gärten 가르덴　　　　　개르탠	정원
Gartenparty (die), die Gartenpartys 가르텐파-티　　　　　가르텐파-티스	정원 파티
Gast (der), die Gäste 가스트　　　　　개스태	손님
Gästehaus (das), die Gästehäuser 개스태하우스　　　　　개스태호이저	객사, 여관, 손님용 숙소
Gästeinformation (die), die Gästeinformationen 개스태인포마치오-ㄴ　　　　　개스태인포마치오-낸	고객정보
Gastfamilie (die), die Gastfamilien 가스트파밀리-에　　　　　가스트파밀리-엔	홈스테이 가족
geben, gab, hat gegeben 게-밴　　갑　　게게-밴	주다
Gebiet (das), die Gebiete 게비-트　　　　　게비-태	지역, 지대

독일어(발음)	한국어
geboren sein, war geboren, ist geboren worden 게보-랜 자인　　봐- 게보-랜　　이스트 게보-랜 보르댄	태어나다
Gebrauchsanweisung (die), 게브라욱흐스안바이중 **die Gebrauchsanweisungen** 게브라욱흐스안바이중앤	사용 설명서
Gebühr (die), die Gebühren 게뷰-어　　　　　게뷰-랜	요금
Geburtsdatum (das), die Geburtsdaten 게부어츠다-툼　　　　　게부어츠다-탠	생일 날짜
Geburtshaus (das), die Geburtshäuser 게부어츠하우스　　　　게부어츠호이저	생가, 태어난
Geburtsort (der), die Geburtsorte 게부어츠오르트　　　게부어츠오르태	출생지
Geburtstag (der), die Geburtstage 게부어츠타-ㅋ　　　게부어츠타-게	생일
Geburtstagsliste (die), die Geburtstagslisten 게부어츠탁스리스태　　　게부어츠탁스리스탠	생일 목록
gefährlich 게패얼맂히	위험한
Gefallen (der), die Gefallen 게팔랜　　　　게팔랜	마음에 듬, 기쁨, 만족

독일어(발음)	한국어
gefallen, gefiel, hat gefallen 게팔랜　　게피-ㄹ　　게팔랜	마음에 들다 (누구의)
gegen 게-갠	~에 대항하여 (4격지배전치사)
gegründet 게그륀테트	창립된, 설립된, 세워진; 근거가 있는
gehen, ging, ist gegangen 게-앤　　깅　　게강앤	가능하다, 되다, 그럭저럭 괜찮다
gehen, ging, ist gegangen 게-앤　　깅　　게강앤	가다
gehören, gehörte, hat gehört 게회-랜　　게회르태　　게회르트	~의 것이다, (~에게) 속하다
gehören, gehörte, hat gehört 게회-랜　　게회르태　　게회르트	~의 일부를 이루 다, ~의 소속이다
Geige (die), die Geigen 가이개　　　　가이갠	바이올린
gelb 겔프	노란색의
Geld (das), die Gelder 겔트　　　　겔더	돈
Gemüse (das) 게뮤-재	야채

독일어(발음)	한국어
Gemüsesuppe (die), die Gemüsesuppen 게뮤-재주패　　　　　게뮤-재주팬	야채 스프
gemütlich 게뮈틀리히	아늑한
Gemütlichkeit (die) 게뮈틀맇히카이트	아늑함 (형용사 gemütlich의 명사형)
genau 게나우	딱 들어맞는, 정확한, 틀림없는
genauer gesagt 게나우어 게작트	정확하게 말하자면
Generalkonsulat (das), die Generalkonsulate 게네랄콘줄라-트　　　　게네날콘줄라-태	총영사관
generell 게네랠	보편적인
genießen, genoss, hat genossen 게니-쌘　　게노쓰　　게노쌘	즐기다
geöffnet 게외프네트	열려있는
Gepäck (das) 게팩	수화물, 짐 (단수로만 사용)
gerade 게라-대	바로, 지금 막; 똑바로

독일어(발음)	한국어
geradeaus 게라데아웃스	똑바로, 직선방향으로
Gerät (das), die Geräte 게래-트　　　　게래-태	도구, 기기
Germanistik (die) 게르마니스틱	독어독문학 (단수로만 사용)
gern(e) 게른 (게르네)	기꺼이
Geschäft (das), die Geschäfte 게섀프트　　　　게섀프태	영업, 사업
Geschäftsführer (der), die Geschäftsführer 게섀프츠퓨-러　　　　게섀프츠퓨-러	매니저
Geschäftszeit (die), die Geschäftszeiten 게섀프츠차이트　　　　게섀프츠차이탠	영업시간
Geschenk (das), die Geschenke 게쉥크　　　　게쉥캐	선물
Geschichte (die), die Geschichten 게쉬히태　　　　게쉬히탠	이야기, 역사
geschieden 게쉬-댄	이혼 상태인 (이혼한)
geschlossen 게슐롯샌	닫힌(문), 폐쇄적인

독일어(발음)	한국어
Geschwister (die) (nur Plural) 게슈비스터	형제자매(복수형으로만 쓰임)
Gespräch (das), die Gespräche 게슈프랲히　　　　　게슈프랲해	대화
gestern 게스터른	어제
gesund 게준트	건강한
Gesundheit (die) 게준트하이트	건강 (단수로만 사용)
Gesundheitsproblem (das), 게준트하이츠프로블렘 **die Gesundheitsprobleme** 게준트하이츠프로블레–매	건강 문제
Gesundheitstelefon (das), 게준트하이츠텔–레폰 **die Gesundheitstelefone** 게준트하이츠텔–레포–내	건강상담전화
Getränk (das), die Getränke 게트랭크　　　　　게트랭캐	음료수
Gewicht (das), die Gewichte 게비히트　　　　　게비히태	무게, 중량

독일어(발음)	한국어
Gitarre (die), die Gitarren 기타-래　　　　　기타-랜	기타
Glas (das), die Gläser 글라-스　　　　　글래-저	잔
Glaskuppel (die), die Glaskuppeln 글라스쿠펠　　　　　글라스쿠펠른	유리로 된 둥근 지붕, 유리반구
glauben, glaubte, hat geglaubt 글라우밴　　글라웁태　　게글라웁트	생각하다
gleich 글라이히	곧, 바로; 같은, 동일한
Gleis (das), die Gleise 글라이스　　　　　글라이재	선로, 레일
gliedern, gliederte, hat gegliedert 글리-더른　글리-데르테　　게글리데르트	분류하다, 목차를 작성하다
Glück (das) 글뤽	행운, 요행 (단수로만 사용)
glücklich 글뤼클맇히	운이 좋은, 행복한
Glückwunsch (der), die Glückwünsche 글뤽분쉬　　　　　글뤽뷘섀	축하
GmbH (die), die GmbHs 게엠베하-　　　　　게엠베하스	유한(책임)회사

독일어(발음)	한국어
golden 골댄	금의, 금으로 된
Gottesdienst (der), die Gottesdienste 고테스디-ㄴ스트　　고테스디-ㄴ스태	예배, 미사
Grad (das) 그라-트	온도 (단수로만 사용)
Grafik (die), die Grafiken 그라-픽　　　그라-픽캔	그래픽
Gramm (das) 그람	그램
Grammatik (die) 그라마틱	문법
Gratulation (die), die Gratulationen 그라툴라치오-ㄴ　　그라툴라치오-낸	축하, 축사
gratulieren, gratulierte, hat gratuliert 그라툴리-랜　그라툴리어테　그라툴리어트	축하하다
grau 그라우	회색의
Griechenland 그리-핸란트	그리스
Griechisch 그리-히쉬	그리스어

독일어(발음)	한국어
grillen, grillte, hat gegrillt 그릴랜　　그릴테　　게그릴트	그릴하다
Grillfest (das), die Grillfeste 그릴페스트　　　그릴페스태	그릴파티
groß 그로-쓰	큰
Größe (die), die Größen 그뢰-쌔　　디- 그뢰-쌘	크기
Großeinkauf (der), die Großeinkäufe 그로-쓰아인카우프　　　그로-쓰아인코이패	대량 구입
Großeltern (die) (nur Plural) 그로-쓰앨턴	조부모(복수형으로 만 쓰임)
Großmutter (die), die Großmütter 그로-쓰무터　　　그로-쓰뮈터	할머니
Großvater (der), die Großväter 그로-쓰파-터　　　그로-쓰패-터	할아버지
Grüezi 그뤼에찌	안녕하세요(스위스 사람들의 인사말)
grün 그륀-	녹색의
Grund (der), die Gründe 그룬트　　　그륀대	원인, 이유, 토대, 기초, 근거

독일어(발음)	한국어
Gruppe (die), die Gruppen 그루패　　　　　　그루팬	그룹(동아리)
Gruppenarbeit (die), die Gruppenarbeiten 그루팬아르바이트　　　　그루팬아르바이탠	그룹 작업
Gruppenseminar (das), die Gruppenseminare 그루팬제미나-　　　　　그루펜제미나-래	그룹(단체)세미나
Gruß (der), die Grüße 그루-쓰　　　　그뤼-쌔	인사
Grüß Gott 그뤼-쓰 곹	안녕(남부 독일 인사말(시간 구분 없이 사용함))
gucken, guckte, hat geguckt 국캔　　국크태　　게국크트	살피다, 들여다보다, 바라보다
günstig 귄스틱히	저렴한, 저렴하고 좋은
Gurke (die), die Gurken 구르케　　　구르캔	오이
Gürtel (der), die Gürtel 귀르탤　　　귀르탤	띠, 허리띠, 벨트
gut 구-트	좋은
gut gehen, ging gut, ist gut gegangen 구-트 게-앤　깅 구-트　이스트 구-트 게강앤	잘 되고 있다(일이)

독일어(발음)	한국어
Gute Besserung! 구-태 배써룽!	쾌유를 빕니다!
gute Nacht 구-태 낙흐트	안녕히 주무세요
guten Abend 구-탠 아-벤트	안녕하세요 (저녁시간 인사말)
Guten Appetit 구-탠 아페티트	맛있게 드세요
guten Morgen 구-탠 모르갠	안녕하세요 (아침시간 인사말)
Guten Tag 구-탠 타-ㅋ	안녕하세요 (낮 인사)
Gutes Neues Jahr! 구-태스 노이앤스 야-!	복된 새해!
Gymnastikcenter (das), die Gymnastikcenter 굄나스틱센터 굄나스틱센터	체조 센터
Haar (das), die Haare 하-아 하-래	머리카락
haben, hatte, hat gehabt 하-밴 하테 게합트	소유하다, 가지고
Hähnchen (das), die Hähnchen 핸핸 핸핸	닭고기

독일어(발음)	한국어
halb 할프	절반의, 30분 (독일어로 읽을 때)
halbe Stunde 할배 슈툰대	삼십분
Halbpension (die), die Halbpensionen 할프팡지온　　　　　　할프팡지오–낸	일박이식 숙소 (아침식사포함)
hallo 할로	안녕(시간과 무관하게 사용할 수 있는 인사말)
Hals (der), die Hälse 할스　　　　　핼재	목
Halsschmerzen (die) 할스슈메르챈	인후통 (복수로만 사용)
Hand (die), die Hände 한트　　　　　핸대	손
Handlungsanweisung (die), 한들룽스안바이중 **die Handlungsanweisungen** 한들룽스안바이중앤	행동 지침
Handstand (der), die Handstände 한트슈탄트　　　　　한트슈탠대	물구나무서기
Handy (das), die Handys 핸디　　　　　핸디스	핸드폰

독일어(발음)	한국어
Happy-End (das) 해피-앤드	해피엔드, 행복한
Hard-Rock (der) 하-어트-록	하드 락 (단수로만 사용)
harmonisch 하-모니쉬	조화로운
hässlich 해쓸링히	추한
Hauptsatz (der), die Hauptsätze 하우프트잩츠　　　　하우프트잴채	주문장
Hauptstadt (die), die Hauptstädte 하우프트슈타트　　　　하우프트슈태태	수도(首都)
Haus (das), die Häuser 하우스　　　　호이저	집
Hausaufgabe (die), die Hausaufgaben 하우스아우프가-배　　　　하우스아우프가-밴	숙제
Hausbau (der) 하우스바우	건축 (단수로만 사용)
Hausfrau (die), die Hausfrauen 하우스프라우　　　　하우스프라우앤	주부(主婦)
Haushalt (der), die Haushalte 하우스할트　　　　하우스할태	가정살림, den Haushalt machen 살림을 맡아보다

독일어(발음)	한국어
Hausnummer (die), die Hausnummern 하우스눔머　　　　　　　하우스눔머른	번지
Haustier (das), die Haustiere 하우스티-어　　　　하우스티-래	애완 동물
Haustür (die), die Haustüren 하우스튀-어　　　　하우스튀-랜	집의 출입문
heften, heftete, hat geheftet 헤프탠　　헤프테태　　게헤프테트	붙이다
Heimatland (das), die Heimatländer 하이마트란트　　　　　하이마트랜더	고국
heiraten, heiratete, hat geheiratet 하이라-탠　하이라-테태　　게하이라-테트	결혼하다
heiß 하이쓰	더운
heißen, hieß, hat geheißen 하이쌘　히-쓰　　게하이쌘	~라 칭한다, ~입니다
Heizung (die), die Heizungen 하이충　　　　하이충앤	난방장치
helfen, half, hat geholfen 헬팬　　할프　　게홀팬	돕다
hell 헬	엷은 색의, 밝은

독일어(발음)	한국어
Hemd (das), die Hemden 햄트　　　　　　　　햄댄	셔츠
Herbst (der) 해업스트	가을 (단수로만 사용)
Herd (der), die Herde 헤-어트　　　　　헤-어대	레인지, 화덕, 아궁이
Herkunft (die) 헤-어쿤프트	출신, 출생, 유래, 출저
Herr (der), die Herren 해어　　　　　해랜	남자에 대한 호칭
Herrenkleidung (die) 해랜클라이둥	신사복
herrlich 해얼맇히	훌륭한, 호화로운, 멋진
herumfahren, fuhr herum, ist herumgefahren 해룸파-랜　　　푸-어 해룸　　　해룸게파-랜	이리저리 타고 다 니다, 드라이브
herzlich 해르츨맇히	진심으로
herzlich willkommen 해르츨맇히 빌콤맨	진심으로 환영합니다
Herzlichen Glückwunsch! 해르츨맇핸　　　글뤽분쉬!	진심으로 축하합니다

독일어(발음)	한국어
heute 호이테	오늘
heutig 호이티히	오늘의
hier 히-어	여기
Hilfe (die), die Hilfen 힐패　　　　　　힐팬	도움
Himmel (der) 힘맬	하늘 (단수로만 사용)
hin und zurück 힌 운트 추뤽	왕복
hinauf 히나우프	위쪽으로
hinaufgehen, ging hinauf, ist hinaufgegangen 히나프게-앤　　킹 히나우프　　히나우프게강앤	올라가다
hinein 힌아인	안으로
hineinstecken, steckte hinein, hat hineingesteckt 힌아인슈텍캔　　슈텍태 힌아인　　힌아인게슈텍트	끼워 넣다, 꽂아 넣다
hingehen, ging hin, ist hingegangen 힌게-앤　　킹 힌　　힌게강앤	~로 가다

독일어(발음)	한국어
hinten 힌탠	뒤에, 뒤에서
hinter 힌터	뒤에
Hiphop-Kurs (der), die Hiphop-Kurse 히폽-쿠어스　　　　　히폽-쿠르재	힙합-강좌
hm 흠	흠(기침하는소리)
Hobby (das), die Hobbys 호비　　　　　호비스	취미
hoch 혹흐	높은
Hochzeit (die), die Hochzeiten 혹흐차이트　　　　　혹흐차이탠	결혼식
hoffentlich 호펜틀맇히	바라건대, 아마, 희망컨대
höflich 회-플리히	공손한
Höhe (die), die Höhen 회-애　　　　　회-앤	높이
Homepage (die) 호움페이지	홈페이지

독일어(발음)	한국어
hoppla 호플라	아이구
hören, hörte, hat gehört 회-랜　회르태　게회르트	듣다
Hörtext (der), die Hörtexte 회어텍스트　회어텍스태	듣기 테스트
Hose (die), die Hosen 호-재　호-잰	바지
Hotel (das), die Hotels 호텔　호텔스	호텔
Hotelrezeption (die), die Hotelrezeptionen 호텔레쳅치온　호텔레쳅치오-넨	호텔 프런트
Hotline (die), die Hotlines 하트라인　하트라인즈	직통전화
hübsch 휩쉬	예쁜
Hund (der), die Hunde 훈트　훈대	개
Hunger (der) 훙어	배고픔
husten, hustete, hat gehustet 후스탠　후스테태　게후스테트	기침하다

독일어(발음)	한국어
ich 이히	나는
ideal 이데아-ㄹ	이상적인, 이상의
Igitt! 이기트!	쳇
ihn 이-ㄴ	그를
Ihnen 이-낸	당신에게 (Sie의 3격)
ihr 이-어	너희들은
ihr, ihre 이어 이어래	그녀의
Ihr / Ihre 이-어/이어래	당신의 (Sie의 소유대명사)
im Internet surfen, surfte im Internet, 임 인터넷 써-팬　　　써-프태 임 인터냇 **hat im Internet gesurft** 임 인터넷 게써-프트	인터넷 서핑하다
im Moment 임 모-멘트	지금 현재

독일어(발음)	한국어
im Voraus 임 포-어라우스	미리, 앞서서(편지 글)에서 쓰는 문구
Imbiss (der), die Imbisse 임비쓰　　　　임비쌔	스낵코너
immer 임머	항상
Immobilie (die), die Immobilien 임모빌리-에　　　　임모빌리-앤	부동산
Imperativ (der), die Imperative 임페라티-프　　　　임페라티-배	명령형
in 인	~안에
in der Nähe 인 데어 내-애	근처에, ~바로
in Ordnung 인 오르드눙	아무 문제없다
in Stichworten 인 슈팅히보르탠	조목별로
indefinit 인데피니어트	부정의
Indien 인디앤	인도

독일어(발음)	한국어
indisch 인디쉬	인도의
individuell 인디비두엘	개인의
Info (die), die Infos 인포 　　　　　 인포스	정보안내
Informatik (die) 인포마틱	전산학 (단수로만 사용)
Informatikkenntnisse (die) (Plural) 인포마틱캔트니쌔	전산학에 대한 지 식(복수로만 사용)
Information (die), die Informationen 인포마치오-ㄴ 　　　　　 인포마치오-낸	정보
Informationsbroschüre (die), 인포마치온스브로쉬-래 **die Informationsbroschüren** 인포마치온스브뢰쉬-랜	팜플렛(소책자)
Informationstext (der), die Informationstexte 인포마치온스텍스트 　　　　　 인포마치온스텍스태	정보가 수록된 텍스트
informieren, informierte, hat informiert 인포미에렌 　　 인포미어태 　　 인포미어트	정보를 제공하다
inklusive 인클루지-배	~을 포함하여, ~을 넣어

독일어(발음)	한국어
innerhalb 인너할프	안의, (시간) ~이내에
intensiv 인텐지-프	집중적인, 심도 있는
Intensivkurs (der), die Intensivkurse 인텐지-프쿠어스　　　　인텐지-프쿠르재	속성(집중)과정
interessant 인터레쌴트	흥미로운
interessieren (sich), interessierte sich, 인터레씨-랜 (짛히)　　　인터레씨어태　　짛히 **hat sich interessiert** 짛히 인터레씨어트	관심을 가지다
international 인터나치오날	국제적인
Internet (das) 인터넷	인터넷 (단수로만 사용)
Internetkurs (der), die Internetkurse 인터넷쿠어스　　　　인터넷쿠르재	인터넷 코스
Interview (das), die Interviews 인터뷰-　　　　　인터뷰-스	인터뷰
Iran (der) 이란	이란

독일어(발음)	한국어
Italien 이타-ㄹ리엔	이탈리아
Italienisch 이타-ㄹ리에니쉬	이탈리아어
ja 야-	예, 옳습니다 (긍정하기)
Ja-/Nein-Frage (die), die Ja-/Nein-Fragen 야-/나인-프라-개　　　　야-/나인-프라-갠	예/ 아니오-질문
Jacke (die), die Jacken 약캐　　　　약캔	웃옷, 쟈켓 (잠바 Blouson [블루종])
Jahr (das), die Jahre 야-(르)　　　　야-래	해(일년)
Jahreszeit (die), die Jahreszeiten 야-레스차이트　　　　야-레스차이탠	계절
Januar (der) 야누아-	일월 (단수로만 사용)
japanisch 야파-니쉬	일본식의
Jause (die), die Jausen 야우재　　　　야우잰	간식(오후)
Jazz-Musik (die) 쟤즈-무직	재즈음악

독일어(발음)	한국어
Jeans (die) 지-ㄴ스	청바지
jede/jeder 예-대/예-더	각자(말한다)
jemand 예-만트	어떤 사람
jetzt 예츨트	지금
Job (der), die Jobs 좁　　　　　　좁스	부업, 아르바이트; 직업
Jodsalz (das) 요-트잘츠	요오드 소금
joggen, joggte, hat gejoggt 조갠　　족태　　　게족트	조깅하다
Jogginganzug (der), die Jogginganzüge 조깅안추-ㅋ　　　　　조깅안취-개	조깅복
Joggingschuh (der), die Joggingschuhe 조깅슈-　　　　　　조깅슈-애	조깅신발
Joggingwetter (das) 조깅베터	조깅하기 좋은 날씨
Joghurt (der), die Joghurts 요구르트　　　　요구르츠	요구르트

독일어(발음)	한국어
jonglieren, jonglierte, hat jongliert 죠글리-랜　　죠글리어태　　죠글리어트	곡예를 하다
Journalist (der), die Journalisten 조-날리스트　　　　조-날리스탠	기자, 언론인
Jugendherberge (die), die Jugendherbergen 유-겐트헤어배르개　　　　유-겐트헤어배르갠	유스호스텔
Jugendliche (der/die), die Jugendlichen 유-겐틀릫해　　　　유겐틀릫해	청소년(der-남자, die-여자)
Juli (der) 율-리	칠월 (단수로만 사용)
jung 융	젊은, 어린
Junge (der), die Jungen 융애　　　　융앤	사내 애, 소년
Jungfrau (die), die Jungfrauen 융프라우　　　　융프라우앤	처녀
Juni (der) 유-니	유월 (단수로만 사용)
Kaffee (der) 카페	커피
Kalender (der) 칼렌더	달력

독일어(발음)	한국어
kalt 칼트	추운
Kammerorchester (das), die Kammerorchester 캄머오케스터 　　　　　캄머오케스터	실내 오케스트라
Kanada 카나-다	캐나다
Kanton (der), die Kantone 칸톤 　　　　　칸토-내	주 (프랑스, 벨기에, 스위스) 지방 행정구역
Kapitän (der), die Kapitäne 카피탠 　　　　　카피태-내	선장
Karate (das) 카라테	가라데 (단수로만 사용)
Karneval (der) 카르네발-	카니발, 사육제 (단수로만 사용)
Karnevalsfest (das), die Karnevalsfeste 카르네발스페스트 　　　　　카르네발스페스태	카니발 축제
Kärtchen (das), die Kärtchen 캐르챈 　　　　　캐르챈	작은 카드
Karte (die), die Karten 카르태 　　　　　카르탠	지도
Kartenkategorie (die), die Kartenkategorien 카르탠카테고리에 　　　　　카르탠카테고리-엔	입장권 종류

독일어(발음)	한국어
Kartoffel (die), die Kartoffeln 카-토팰　　　　　카-토팰른	감자
Kartoffelsalat (der), die Kartoffelsalate 카-토팰잘라-트　　　　카-토팰잘라-태	감자 샐러드
Karussell (das), die Karussells 카루쎌　　　　카루쎌스	회전목마
Käse (der) 캐-재	치즈
Käsebrot (das), die Käsebrote 캐-제브로-트　　　캐-제브로-태	치즈 빵
Kasse (die), die Kassen 캇새　　　　캇샌	매표소, 의료보험 조합, 저축은행
Kasseler Rippchen (das), die Kasseler Rippchen 캇셀러 립핸　　　　　캇셀러 립핸	돼지 갈비
Kategorie (die), die Kategorien 카테고리-에　　　　카테고리-엔	카테고리
kaufen, kaufte, hat gekauft 카우팬　　카우프태　　게카우프트	사다
Kauffrau (die), die Kauffrauen 카우프프라우　　　카우프프라우앤	여자 상인
Kaufhaus (das), die Kaufhäuser 카우프하우스　　　카우프호이저	백화점

독일어(발음)	한국어
Kaufmann (der), die Kaufleute 카우프만　　　　　　　카우프로이태	상인(남자)
kaufmännisch 카우프매니쉬	상인다운, 상업적인, 상업에 정통한
Kaution (die), die Kautionen 카우치오-ㄴ　　　　　카우치오-낸	보증금
kein 카인	~아니다, 하나도 ~않다
Kenia 케니아	케냐
kennen, kannte, hat gekannt 캔낸　　칸태　　　게칸트	알다
kennenlernen, lernte kennen, hat kennengelernt 캔낸레르낸　　　레른태 캔낸　　　캔낸게레른트	무엇을/누구를 알게 되다
Kenntnis (die), die Kenntnisse 캔트니스　　　　　캔트니쌔	지식
Kettenspiel (das), die Kettenspiele 케탠슈피-ㄹ　　　　　케탠슈피-ㄹ래	이어 말하기 놀이
Kilo (das) 킬-로	킬로
Kilometer (der) 킬로메-터	킬로미터 (단수로만 사용)

독일어(발음)	한국어
Kind (das), die Kinder 킨트　　　　　　　킨더	아이
Kindergarten (der), die Kindergärten 킨더가르탠　　　　　　　킨더개르탠	유치원
Kinderkleidung (die) 킨더클라이둥	아동옷
Kindertanzgruppe (die), die Kindertanzgruppen 킨더탄츠그루패　　　　　　　킨더탄츠그루팬	어린이 댄스그룹
Kinderzimmer (das), die Kinderzimmer 킨더침머　　　　　　　킨더침머	어린이방
Kino (das), die Kinos 키–노　　　　　　　키–노스	영화관; 영화
Kiosk (der), die Kioske 키오스크　　　　　　　키오스캐	매점
Kirche (die), die Kirchen 키릇해　　　　　　　키릇핸	교회
Kiwi (die), die Kiwis 키위　　　　　　　키위스	키위
klar 클라–	물론
klasse 클랏새	멋진

독일어(발음)	한국어
Klasse (die), die Klassen 클랏새　　　　　　　클랏샌	등급, 학급
Kleid (das), die Kleider 클라이트　　　　　클라이더	원피스
Kleider (die) 클라이더	옷들 (복수로만 사용)
Kleidergeschäft (das), die Kleidergeschäfte 클라이더게섀프트　　　　　클라이더게섀프태	옷가게
klein 클라인	작은
Kleinasien 클라인아지–앤	소아시아
klingeln, klingelte, hat geklingelt 클링엘른　　클링엘태　　　게클링엘트	울리다 (전화벨, 초인종이)
knallrot 크날로–트	새 빨간
kochen, kochte, hat gekocht 콕핸　　　코흐태　　　게코훟트	요리하다
Koffer (der), die Koffer 코퍼　　　　　코퍼	여행용가방
Kollege (der), die Kollegen 콜레–개　　　　콜레–갠	동료

독일어(발음)	한국어
Kollegin (die), die Kolleginnen 콜레-긴　　　　　콜레-긴낸	여자동료
kommen, kam, ist gekommen 콤맨　　　캄　　　게콤맨	오다
Komparation (die), die Komparationen 콤파라치오-ㄴ　　　　콤파라치오-낸	비교급
König (der), die Könige 쾨-니히　　　　쾨-니개	왕
Konjugation (die), die Konjugationen 콘뉴가치온　　　　콘뉴가치오-낸	동사의 인칭변화
Konjunktiv (der) 콘늉티-프	접속법
Können (das) 쾬낸	능력
können, konnte, hat gekonnt 쾬낸　　콘태　　게콘트	~할 수 있다
Kontakt (der), die Kontakte 콘탁트　　　　콘탁태	접촉, 관계, 교제
Kontaktanzeige (die), die Kontaktanzeigen 콘탁트안차이개　　　　콘탁트안차이갠	교제 광고
Kontrast (der), die Kontraste 콘트라스트　　　콘트라스태	대조, 대비, 명암

독일어(발음)	한국어
Konzentrationsproblem (das), 콘첸트라치온스프로블렘 **die Konzentrationsprobleme** 콘첸트라치온스프로블레-매	집중력 문제(장애)
Konzert (das), die Konzerte 콘체르트　　　　　콘체르태	콘서트
Konzertbeginn (der) 콘체르트베긴	콘서트 시작 (단수로만 사용)
Konzertkarte (die), die Konzertkarten 콘체르트카르태　　　　　콘체르트카르탠	콘서트 입장권
Kopf (der), die Köpfe 콥프　　　　　쾹패	머리
Kopfschmerzen (die) 콥프슈메르챈	두통 (복수로만 사용)
Korb (der), die Körbe 코릅　　　　　쾨르배	바구니
Körperteil (das), die Körperteile 쾨르퍼타일　　　　　쾨르퍼타일래	신체의 부분
Kosmetik (die) 코즈메틱	화장품
Kosmetikberatung (die), die Kosmetikberatungen 코스메틱배라-퉁　　　　　코스메틱배라-퉁앤	화장(술)에 대한 상담

독일어(발음)	한국어
Kosten (Pl.) 코스탠	값(복수로만 사용)
kosten, kostete, hat gekostet 코스탠　　코스테태　　게코스테트	값이 얼마로 되다, 들다
kostenlos 코스탠로―스	무료의
krank 크랑크	아픈
Krankenhaus (das), die Krankenhäuser 크랑크하우스　　　　크랑크호이저	종합병원
Krankheit (die), die Krankheiten 크랑크하이트　　　크랑크하이탠	병, 질병
Krawatte (die), die Krawatten 크라―바태　　　　크라―바탠	넥타이
kreativ 크레아티―프	창조적인
Kreativität (die) 크레아티비태―트	창의력 (단수로만 사용)
Krebs (der), die Krebse 크렙스　　　　크렙재	게; 게자리
Kreuzung (die), die Kreuzungen 크로이충　　　　크로이충앤	교차

독일어(발음)	한국어
Küche (die), die Küchen 퀏해 퀏핸	부엌
Kuchen (der), die Kuchen 쿡핸 쿡핸	케이크
Küchentisch (der), die Küchentische 퀏핸팃쉬 퀏핸팃쉐	식탁
Kugelschreiber (der), die Kugelschreiber 쿠겔슈라이버 쿠겔슈라이버	볼펜
Kühlschrank (der), die Kühlschränke 퀴-ㄹ슈랑크 퀴-ㄹ슈랭캐	냉장고
kümmern (sich), kümmerte sich, 짗히 퀴머른 퀴머르태 짗히 **hat sich gekümmert** 짗히 게퀴머르트	돌보다, 보살피다
Kunde (der), die Kunden 쿤대 쿤댄	고객
Kundendienst (der), die Kundendienste 쿤댄디-ㄴ스트 쿤댄디-ㄴ스태	고객서비스
Kundentoilette (die), die Kundentoiletten 쿤덴토알레태 쿤덴토알레탠	고객전용 화장실
Kurier (der), die Kuriere 쿠리-어 쿠리-에래	급송 택배(원)

독일어(발음)	한국어
Kurs (der), die Kurse 쿠어스　　　　쿠르재	과정
Kursalbum (das), die Kursalben 쿠어스알붐　　　　쿠어스알밴	강좌 수강생을 대상으로 만든 앨범
Kursangebot (das), die Kursangebote 쿠어스안게보-트　　　쿠어스안게보-테	제공되는 코스
Kursraum (der), die Kursräume 쿠어스라움　　　　쿠어스로이메	강의실
Kursteilnehmer (der) 쿠어스타일네-머	코스 참가자
Kurstest (der), die Kurstests 쿠어스테스트　　　쿠어스테스츠	코스 시험
Kurve (die), die Kurven 쿠르베　　　　쿠르벤	커브 (도로의), 곡선
kurz 쿠어츠	짧은
lachen, lachte, hat gelacht 랗핸　　랗흐태　　겔랗흐트	웃다
Lach-Yoga (das) 랗흐-요-가	웃음요가 (단수로만 사용)
Laden (der), die Läden 라-댄　　　　래-댄	가게

독일어(발음)	한국어
Lage (die), die Lagen 라–개　　　　　　라–갠	위치
Lampe (die), die Lampen 람패　　　　　　람팬	램프
Land (das), die Länder 란트　　　　　　랜더	나라
Landeshauptstadt (die), 란데스하우프트슈타트 **die Landeshauptstädte** 란데스하우프트슈태태	주의 수도
Landkarte (die), die Landkarten 란트카르태　　　　　란트카르탠	지도
Landschaft (die), die Landschaften 란트샤프트　　　　　란트샤프탠	풍경
lang(e) 랑	긴
langsam 랑잠	천천히
langweilig 랑바일릭히	지루한
lassen, ließ, hat gelassen 랏샌　　리–쓰　　겔랏샌	허용하다

독일어(발음)	한국어
laufen, lief, ist gelaufen 라우팬　리-프　겔라우팬	달리다
laut 라우트	큰 소리로
Leben (das), die Leben 레-밴　　　레-밴	삶, 생활, 생명
leben, lebte, hat gelebt 레-밴　렙태　겔렙트	살다
lebend 레밴트	살아 있는
Lebensfreude (die), die Lebensfreuden 레-밴스프로이대　　　레-밴스프로이댄	삶의 기쁨
Lebensgeschichte (die), die Lebensgeschichten 레-벤스게쉬히태　　　레-벤스게쉬히탠	전기, 인생
Lebensjahr (das), die Lebensjahre 레-벤스야-　　　레-벤스야-래	연령
Lebensmittel (das), die Lebensmittel 레-벤스미탤　　　레-벤스미탤	식품
Lebensmittelabteilung (die), 레-벤스미텔압타일룽	식품코너
die Lebensmittelabteilungen 레-벤스미텔압타일룽앤	

독일어(발음)	한국어
Lebensmittelgeschäft (das), 레-밴스미탤게섀프트 **die Lebensmittelgeschäfte** 레-밴스미탤게섀프태	식료품 가게
lecker 렉커	맛있는
ledig 레-딓히	미혼의
Lehrer (der), die Lehrer 레-러　　　　　레-러	선생, 교사
Leidenschaft (die), die Leidenschaften 라이댄샤프트　　　　라이댄샤프탠	열정
leider 라이더	유감스럽게도
leidtun, tat leid, hat leidgetan 라이트투-ㄴ 타-트 라이트 라이트게탄	슬픔, 괴로움, 고뇌
leihen, lieh, hat geliehen 라이앤　리-　　겔리-앤	빌리다
leise 라이재	조용히
leiwand 라이반트	잘 지내고 있는 (오스트리아 말)

독일어(발음)	한국어
Lektion (die), die Lektionen 렉치오-ㄴ　　　　　렉치오-낸	과
lernen, lernte, hat gelernt 레르낸　레른태　　겔레른트	배우다
Lernproblem (das), die Lernprobleme 레른프로블레-ㅁ　　　　레른프로블레-매	학습문제(장애)
Lerntagebuch (das), die Lerntagebücher 레른타-게북흐　　　　레른타-게뷯혀	학습 일지
Lerntipp (der), die Lerntipps 레른팁　　　　레른팁스	학습 도움
lesen, las, hat gelesen 레-잰　라-스　　게레-잰	읽다
Leser (der), die Leser 레-저　　　　레-저	독자
letzt 렛츠트	최후의
Leute (die) (nur Plural) 로이태	사람들 (복수로만 사용)
Licht (das), die Lichter 맅히트　　　　맅히터	빛, 밝기, 밝음
Lichttherapie (die), die Lichttherapien 리히트테라피-　　　　리히트테라피-앤	광선치료

독일어(발음)	한국어
lieb 리-ㅂ	사랑하는, 사랑스러운
liebe Grüße 리-배 그뤼-쌔	안부 전하다
liebe/lieber... 리-배/리-버	사랑하는
lieben, liebte, hat geliebt 리-밴　리-ㅂ태　겔립-트	좋아하다
Liebesgeschichte (die), die Liebesgeschichten 리-배스게쉬히태　리-배스게쉬히탠	연애 이야기, 연애
Lieblings- 리-블링스-	좋아하는
liebst 리-ㅂ스트	가장 좋아하는
Lied (das), die Lieder 리-트　리-더	노래
liefern, lieferte, hat geliefert 리-퍼른　리-퍼르태　겔리-퍼르트	배달하다
liegen in..., lag in..., hat in ... gelegen 리-갠 인　락 인　인 … 겔레-갠	~에 있다
liegen, lag, hat gelegen 리-갠　락　겔레-갠	누워있다, 놓여있다

독일어(발음)	한국어
Liste (die), die Listen 리스태　　　　　리스탠	목록
Liter (der) 리-터	리터
Live-Musik (die) 라이프-무직	라이브음악
Lkw (der), die Lkws 엘카베　　　　　엘카베스	화물 자동차
lokal: die lokale Präposition 로칼　　디 로칼래 프래포지치오-ㄴ	장소의: 장소 표시 전치사
los 로-스	시작해라
los sein, war los, ist los gewesen 로-스 자인 바 로-스　이스트 로-스 게베쟨	무슨 일이니?
losfahren, fuhr los, ist losgefahren 로-스파-랜　푸-어 로-스　　로-스게파-랜	출발하다
Lösungsbuchstabe (der), die Lösungsbuchstaben 뢰-중스북흐슈타-배　　　　　뢰-중스북흐슈타-밴	해답 문자
Lösungswort (das), die Lösungsworte 뢰-중스보르트　　　　　뢰-중스보르태	해답
Löwe (der), die Löwen 뢰-배　　　　　뢰-밴	사자자리

독일어(발음)	한국어
lustig 루스틱히	즐거운, 명랑한, 우스운
luxuriös 룩수리외–스	호화로운
Luxus (der) 룩숫스	호사, 사치, 화려
machen, machte, hat gemacht 막핸　　막흐태　　게막흐트	만들다
Mädchen (das), die Mädchen 매챈　　　　매챈	소녀
Magier (der), die Magier 마기어　　　　마기어	마법사
Mai (der) 마이	오월 (단수로만 사용)
mal 마–르	좀, 자 (명령형 문장에서 요구),한 번
Malta 말타	몰타
Mama (die), die Mamas 마마　　　　마마스	엄마
man 만	사람들이(단수 형태로만 쓰임)

독일어(발음)	한국어
manche 맑해	여럿의
manchmal 맑히마-ㄹ	가끔, 이따금, 때때로
Mann (der), die Männer 만　　　　　매너	남자
Mantel (der), die Mäntel 만탤　　　　맨탤	외투
Märchenkönig (der), die Märchenkönige 매르핸쾨-니히　　　　메르핸쾨-니개	루드비히 2세
Märchenschloss (das), die Märchenschlösser 매르헨슐로쓰　　　　매르핸슐뢰써	동화의 성
Marke (die), die Marken 마르캐　　　마르캔	상품
Marketing (das) 마-케팅	마케팅 (단수로만 사용)
Marketingabteilung (die), 마-케팅압타일룽 **die Marketingabteilungen** 마-케팅압타일룽앤	마케팅부(과)
markieren, markierte, hat markiert 마-키에랜　　마-키어태　　마-키어트	표시하다

독일어(발음)	한국어
Markt (der), die Märkte 마르크트　　　　　매르크테	시장
März (der) 매르츠	삼월 (단수로만 사용)
Maskenbildnerin (die), die Maskenbildnerinnen 마스캔빌트너린　　　　　마스캔빌트너린낸	분장사
maskulin 마스쿨린	남성의
Massage (die), die Massagen 마싸−제　　　　　마싸−젠	마사지
Massagetermin (der), die Massagetermine 마싸−제테어미−ㄴ　　　　　마싸−제테어미−내	마사지 예약날짜
Maßeinheit (die), die Maßeinheiten 마−쓰아인하이트　　　　　마−쓰아인하이탠	측량 단위
Masseurin (die), die Masseurinnen 마쐬−린　　　　　마쐬−린낸	여성 안마사
Maurer (der), die Maurer 마우러　　　　　마우러	미장이
maximal 막시마−ㄹ	최고의
Medizin (die) 메디치−ㄴ	의학

독일어(발음)	한국어
Meer (das), die Meere 메-어　　　　　메-래	바다
mehr 메-어	더 많이
Mehrbettzimmer (das), die Mehrbettzimmer 메-어배트침머　　　　메-어배트침머	다중 침대방
mein/e 마인/마이네	나의 (ich의 소유대명사)
meine Damen und Herren 마이네 다-맨 운트 해랜	신사숙녀 여러분
meinen, meinte, hat gemeint 마이넨　　마인테　　게마인트	~한 의견이다, 생각하다
Meinung (die), die Meinungen 마이눙　　　　마이눙앤	의견
meist 마이스트	대개
Menge (die), die Mengen 맹애　　　　맹앤	양
Mengenangabe (die), die Mengenangaben 맹앤안가-배　　　　맹앤안가-밴	수량 표시
Mensa (die), die Mensen 멘자　　　　멘잰	구내식당 (대학의)

독일어(발음)	한국어
Mensch (der), die Menschen 멘쉬 멘쉔	사람
Menschheit (die) 멘쉬하이트	인류
Meter (der), die Meter 메-터 메-터	미터 (길이를 재는 단위)
Metzger (der), die Metzger 멭츠거 멭츠거	도축업자, 정육점
mich 밓히	나를 (ich의 4격)
Miete (die), die Mieten 미-태 미-탠	세, 임대료
mieten, mietete, hat gemietet 미-탠 미-테태 게미-테트	빌리다
Mietmarkt (der), die Mietmärkte 미-트마르크트 미-트매르크태	부동산 임대시장
Mietpreis (der), die Mietpreise 미-트프라이스 미-트프라이재	세, 임대료
Milch (die) 밇히	우유
mindestens 민데스탠스	적어도

독일어(발음)	한국어
Mineralwasser (das) 미네랄-밧서	탄산수
minimal 미니마-ㄹ	극소의, 최소의
minimalistisch 미니말리스티쉬	극미한
Minute (die), die Minuten 미누-태　　　　미누-탠	분 (시간 단위)
mir 미어	나에게
mischen, mischte, hat gemischt 밋샌　　밋쉬태　　게밋쉬트	섞다
Missfallen (das) 미쓰팔랜	불만
Mist (der) 밋스트	빌어먹을 (욕을 할 때), 쓸데없는 것, 잡동사니
Mistwetter (das) 미스트베터	나쁜 날씨 (단수로만 사용)
mit 밑트	~로, ~와 함께 (도구, 수단(전지사))
mit freundlichen Grüßen 미트 프로인틀릫핸 그뤼-쌘	친절어린 인사를 드리며(편지의 맨끝에 쓰는 문구)

독일어(발음)	한국어
mitkommen, kam mit, ist mitgekommen 미트콤맨　　　캄 미트　　　미트게콤맨	함께 오다
mitmachen, machte mit, hat mitgemacht 미트막핸　　　막흐태 미트　　　미트게막흐트	함께하다
mitnehmen, nahm mit, hat mitgenommen 미트네-맨　　　나-ㅁ 미트　　　게놈맨	가지고 가다
mitschreiben, schrieb mit, hat mitgeschrieben 미트슈라이밴　　　슈리-ㅂ 미트　　　미트게슈리-밴	받아쓰다
mitsingen, sang mit, hat mitgesungen 미트징앤　　　장 미트　　　미트게중앤	같이 노래하다
Mittag (der), die Mittage 미타-ㅋ　　　미타-개	정오
Mittagessen (das) 미타-ㄱ애쌘	점심식사 (단수로만 사용)
Mittagspause (die), die Mittagspausen 미탁스파우재　　　미탁스파우쟨	낮 휴식 시간
Mitte (die), die Mitten 미태　　　미탠	중앙
mitten 미탠	한가운데
Mittwoch (der), die Mittwoche 미트복흐　　　미트복해	수요일

독일어(발음)	한국어
mitzeichnen, zeichnete mit, hat mitgezeichnet 미트차이히낸　차이히네태　미트　미트게차이히내트	함께 그리다
Möbel (das), die Möbel 뫼-밸　　뫼-밸	가구
mobil 모비-르	핸드폰의
möbliert 뫼-블리어트	가구가 비치되어 있는
möchten, mochte, hat gemocht 뫼히탠　모흐태　게모흐트	~하고 싶다
modal 모다-르	화법의
Modalverb (das), die Modalverben 모달-베릎　모달-베르밴	화법조동사
Mode (die), die Moden 모-대　모-댄	패션
Mode-Boutique (die), die Mode-Boutiquen 모-대-부티-크　모-대-부티-캔	패션-부띠끄
Modell (das), die Modelle 모델　모델래	모델, 본보기
Modenschau (die), die Modenschauen 모-댄샤우　모-댄샤우앤	패션 쇼

독일어(발음)	한국어
modern 모데른	현대적인
mögen, mochte, hat gemocht 뫼–갠　　모흐태　　　게모흐트	좋아하다
möglich 뫼–클릫히	가능한
Moment (der), die Momente 모–멘트　　　　　모–멘태	짧은 순간
Monat (der), die Monate 모–나트　　　　모–나테	달
Monatsmiete (die), die Monatsmieten 모–나트츠미–태　　　　모–나츠미–탠	한달 임대료
Monster (das), die Monster 몬스터　　　　몬스터	괴물, 요물
Monsterspiel (das), die Monsterspiele 몬스터슈피–ㄹ　　　　몬스터슈피–ㄹ래	괴물놀이
Montag (der), die Montage 모–ㄴ타–ㅋ　　　　모–ㄴ타–개	월요일
Montagmorgen (der) 모–ㄴ탁모르갠	월요일 아침 (단수로만 사용)
morgen 모르갠	내일

독일어(발음)	한국어
Morgen (der) 모르갠	아침
morgens 모르갠스	아침에, 아침마다
Motorrad (das), die Motorräder 모토어라-트 　　　　모토어래-더	오토바이
Mountainbike (das), die Mountainbikes 마운틴바이크 　　　　마운틴바이크스	산악 자전거
müde 뮤-대	피곤한, 고단한, 졸리는
Mund (der), die Münder 문트 　　　　뮌더	입
Museum (das), die Museen 무제-움 　　　　무제-앤	박물관
Musik (die) 무직	음악
Musiker (der), die Musiker 무지커 　　　　무지커	음악가
Musikhochschule (die), die Musikhochschulen 무직혹흐슐-래 　　　　무직혹흐슐-랜	음악 대학
müssen, musste, hat gemusst 뮤쌘 　무쓰태 　게무쓰트	~해야만 한다

독일어(발음)	한국어
Mutter (die), die Mütter 무터 뮈터	어머니
Mutti (die), die Muttis 무티 무티스	엄마
na 나–	자 (초조, 권유, 결심)
na ja 나– 야–	글쎄
na klar 나– 클라–	물론이지
na und? 나– 운트?	그래서?
nach 낙흐	~으로, ~후에 (3격전치사)
nach Hause 낙흐 하우스	집으로
nach links 낙흐 링크스	왼쪽으로
nach rechts 낙흐 렐히츠	오른쪽으로
nachfragen, fragte nach, hat nachgefragt 낙흐프라–갠 프락태 낙흐 낙흐게프락트	문의하다

독일어(발음)	한국어
nachmachen, machte nach, hat nachgemacht 낙흐막핸　　　　막흐태 낙흐　　　　낙흐게막흐트	흉내내다
Nachmittag (der), die Nachmittage 낙흐미타-ㅋ　　　　　낙흐미타-게	오후
Nachricht (die), die Nachrichten 낙흐리히트　　　　낙흐리히탠	소식, 통지, 정보
Nachrichten die (Pl.) 낙흐리히탠	뉴스 (복수로만 사용)
nachsehen, sah nach, hat nachgesehen 낙흐제-앤　　　자- 낙흐　　　낙흐게제-앤	확인하다
Nachsilbe (die), die Nachsilben 낙흐질배　　　　　낙흐질밴	접미사, 후철
nachsprechen, sprach nach, hat nachgesprochen 낙흐슈프렠핸　　　슈프랗흐 낙흐　　　낙흐게슈프룽핸	따라 말하다
nächste 낵스태	바로 다음에
Nacht (die), die Nächte 낙흐트　　　　　낳히태	밤
nah 나-	가까운, 인접한, 멀지 않은
Nähe (die) 내-에	인접, 가까움

독일어(발음)	한국어
Name (der), die Namen 나-매　　　　나-맨	이름
nämlich 냄링히	즉
Nase (die), die Nasen 나-재　　　　나-잰	코
Natur (die) 나투-어	자연
Naturfarbe (die), die Naturfarben 나투-어파르배　　　　나투-어파르밴	천연색
natürlich 나튀얼릿히	자연의, 타고난, 물론
Naturmaterial (das), die Naturmaterialien 나투-어마테리알　　　　나투-어마테리알리엔	천연재료
neben 네-밴	옆에
Nebenkosten (die - Plural) 네-벤코스텐(복수형)	부대비용 (전기세, 수도세 등)
Negation (die), die Negationen 네가치오-ㄴ　　　　네가치오-낸	부정사
negativ 네가티-프	부정적인

독일어(발음)	한국어
Negativartikel (der), die Negativartikel 네가티프아-티캘　　　　　　네가티프아-티캘	부정관사
nein 나인	아이, 아니오 (질문 부정하기)
nennen, nannte, hat genannt 넨낸　　난태　　게난트	명명하다, 말하다, ~의 이름을 붙이다
Nennung (die), die Nennungen 넨눙　　　　　넨눙앤	명명, 언급, 지명
nervös 네르뵈-스	신경질적인, 신경과민의
nett 넽트	친절한
neu 노이	새로운
Neueröffnung (die), die Neueröffnungen 노이외프눙　　　　　노이외프눙앤	신규개업
Neujahr (das) 노이야-	신년, 새해
neutral 노이트랄	중성의
Newsletter (der), die Newsletter 뉴스레터　　　　　뉴스레터	뉴스레터

| --- | --- |
nicht 니힣트	~아니다, ~않다 (형용사 및 동사 부정하기)
nicht so gut 니힣트 조- 구-트	별로 좋지 않은
nie 니-	전혀 ~한 적이 없다
Nikolaus (der), die Nikoläuse 니콜라우스　　　니콜로이재	니콜라우스, 산타클로스 차림의 사람
Nikolaus-Agentur (die), die Nikolaus-Agenturen 니콜라우스-아겐투-어　　　니콜라우스-아겐투-랜	니콜라우스 중개프로덕션
Nikolausbart (der), die Nikolausbärte 니콜라우스바르트　　　니콜라우스배르태	니콜라우스 수염
Nikolausmantel (der), die Nikolausmäntel 니콜라우스만텔　　　니콜라우스맨텔	니콜라우스 외투
Nikolausmütze (die), die Nikolausmützen 니콜라우스뮤체　　　니콜라우스뮤챈	니콜라우스 모자
Nikolaus-Sachen (die) 니콜라우스-작핸	니콜라우스 물건들
Nikolaustag (der) 니콜라우스타-크	성니콜라우스 축일 (12월 6일)
noch 녹흐	아직

독일어(발음)	한국어
noch einmal 녹흐 아인마-ㄹ	다시 한번
noch etwas 녹흐 애트밧스	또 무엇을
noch mal 녹흐 마알	다시 한번 더
noch nicht 녹흐 니힐트	아직 ~아니다
Nomen (das), die Nomen 노-맨　　　　노-맨	명사
Nominativ (der), die Nominative 노미나티-프　　　노미나티-배	주격, 1격
norddeutsch 노르트도이취	북부 독일의
Norddeutschland 노르트도이취란트	북부 독일
Norden (der) 노르댄	북쪽 (단수로만 사용)
nördlich 뇌르틀링히	북쪽의
Nordsee (die) 노르트제-	북해(독일 북서쪽의 바다) (단수로만 사용)

독일어(발음)	한국어
Notfall (der), die Notfälle 노-트팔　　　　　노-트팰래	비상, 비상시
notieren, notierte, hat notiert 노티-랜　　노티어태　　노티어트	적어 두다, 기입하다
Notizzettel (der), die Notizzettel 노팃츠체탤　　　　노팃츠체탤	메모용지
November (der) 노벰버	시월 (단수로만 사용)
nun 누-ㄴ	지금, 이제
nur 누어	단지, 다만, …뿐, 오직
Nuss (die), die Nüsse 누쓰　　　　뉘쌔	견과 (땅콩, 호두)
oben 오-밴	위에
Ober (der), die Ober 오-버　　　오-버	웨이터
Obergeschoss (das), die Obergeschosse 오-버게쇼쓰　　　　오-버게쇼쌔	위층
Obst (das) 오-ㅂ스트	과일

독일어(발음)	한국어
och 옿흐	아아(의성어)
oder 오-더	또는
offiziell 오피치엘	공식적으로
öffnen, öffnete, hat geöffnet 외프낸　　외프네태　　게외프네트	열다, 개봉하다
Öffnungszeit (die), die Öffnungszeiten 외프눙스차이트　　　　　외프눙스차이탠	개점 (개관)시간
oft 오프트	자주
öfter 외프터	더 자주
oh 오-	아 (감탄, 경악, 환희 등을 표현)
Oh Gott! 오- 곹	아아
ohne 오-내	~없이 (4격 지배 전치사)
Oh-oh! 오-오!	조심해! 무엇인가 잘못되었네!

독일어(발음)	한국어
Ohr (das), die Ohren 오-어　　　　오-랜	귀
Ohrenschmerzen (die) 오-랜슈메르챈	이통, 귀앓이 (복수로만 사용)
Oje! 오예!	오오
okay 오케이	좋아
Oktober (der) 옥토-버	시월 (단수로만 사용)
Oktoberfest (das), die Oktoberfeste 옥토-버페스트　　　　옥토-버페스태	시월축제, 맥주축제
Öl (das), die Öle 외-르　　　　외-르래	기름, 휘발유
Oma (die), die Omas 오-마　　　　오-마스	할머니
online 온라인	온라인
Online-Redaktion (die), die Online-Redaktionen 온라인-레닥치오-ㄴ　　　　온라인-레닥치오-낸	온라인 편집
Opa (der), die Opas 오-파　　　　오-파스	할아버지

독일어(발음)	한국어
Oper (die), die Opern 오-퍼　　　　　　오-퍼른	오페라
Opernhaus (das), die Opernhäuser 오-퍼른하우스　　　　오-퍼른호이저	오페라극장
Opernkarte (die), die Opernkarten 오-퍼른카르태　　　　오-퍼른카르탠	오페라 입장권
Optiker (der), die Optiker 옵티커　　　　　옵티커	안경사
Optimismus (der) 옵티미스무스	낙천주의 (단수로만 사용)
Orange (die), die Orangen 오랑-재　　　　　오랑-잰	오렌지
Orangensaft (der), die Orangensäfte 오랑-잰자프트　　　　오랑-잰재프태	오렌지 주스
Ordinalzahl (die), die Ordinalzahlen 오르디날차-ㄹ　　　　오르디날차-ㄹ랜	서수(序數)
ordnen, ordnete, hat geordnet 오르드낸　오르드네태　게오르드네트	정리하다
organisieren, organisierte, hat organisiert 오-가니지-랜　오-가니지어태　오-가니지어트	계획하다, 준비하다, 조직하다
Orientierung (die), die Orientierungen 오리엔티에룽　　　　오리엔티에룽앤	방향설정, 방향감각

독일어(발음)	한국어
original 오리기날–	독특한, 특색있는
original 오리기날	원래의, 원본의
Ort (der), die Orte 오르트　　　　오르태	장소
Ortskenntnisse die (Pl.) 오르츠캔트니쌔	어떤 지역에 대한 지식(복수로만 사용)
Osten (der) 오스탠	동쪽 (단수로만 사용)
Ostern (das) 오스턴	부활절
Österreich 외스터라이히	오스트리아
österreichisch 외–스터라이히쉬	오스트리아의
Paar (das), die Paare 파–르　　　　파–래	두 사람 (쌍을 이 룬), 부부
Packung (die), die Packungen 파쿵　　　　　파쿵앤	봉지, 포장
Pädagogik (die) 패다고–긱	교육학 (단수로만 사용)

독일어(발음)	한국어
Paket (das), die Pakete 파케-트　　　　　　파케-태	소포, 상자
Papagei (der), die Papageien 파파가이　　　　　　파파가이앤	앵무새
Papageienkrankheit (die) 파파가이앤크랑크하이트	앵무새의 병 (단수로만 사용)
Papier (das), die Papiere 파피-어　　　　　　파피-래	종이
Papiere (die) 파피에래	신분 증명서, 여권 (복수로만 사용)
Park (der), die Parks 파-크　　　　　　파-크스	공원
parken, parkte, hat geparkt 파-르캔　파-르클태　게파-르클트	주차하다
Parkplatz (der), die Parkplätze 파-크플랕츠　　　　　　파-크플랱채	주차장
Partner (der), die Partner 파르트너　　　　　　파르트너	파트너
Partnerarbeit (die), die Partnerarbeiten 파트너아르바이트　　　　　　파트너아르바이탠	짝지어 연습하기
Partnerin (die), die Partnerinnen 파르트너린　　　　　　파르트너린낸	파트너(여성)

독일어(발음)	한국어
Partnerinterview (das), die Partnerinterviews 파르트너인터뷰– 　　　　　　 파르트너인터뷰스	파트너 인터뷰
Partnerspiel (das), die Partnerspiele 파르트너슈필– 　　　　　　 파르트너슈필–레	파트너와 학습활동하기
Party (die), die Partys 파–티 　　　　 파–티스	파티
Partyservice (der), die Partyservices 파–티써–비스 　　　　　 파–티써–비시스	파티 서비스
Pass (der), die Pässe 파쓰 　　　　 패쌔	여권
passen, passte, hat gepasst 팟샌 　　 팟스태 　　 게팟스트	맞다, 어울리다
passieren, passierte, ist passiert 파씨–랜 　 파씨어태 　　 파씨어트	발생하다
Pause (die), die Pausen 파우재 　　　　 파우잰	휴식
Pension (die), die Pensionen 팡지온 　　　　 팡지오낸	숙박업소
perfekt 페르펙트	완벽한
Perfekt (das) 페르펙트	현재완료 (단수로만 사용)

독일어(발음)	한국어
Person (die), die Personen 페르조-ㄴ　　　　페르조-낸	사람
Personalchef (der), die Personalchefs 페르조날셰프　　　　페르조날셰프스	인사과(부)장
Personalien (die) (nur Plural) 페르조날-리앤	인적 사항(복수형 으로만 쓰임)
Personalpronomen (das), die Personalpronomen 페르조-날프로노-맨　　　페르조-날프로노-맨	인칭대명사
Personalreferat (das), die Personalreferate 페로조-날레퍼라-트　　　페르조-날레퍼라-태	직원의 용건(업무)를 돌보는 관청의 분과
persönlich 페르죈맇히	사적인
Pfeffer (der) 펠퍼	후추
Pflanzenöl (das), die Pflanzenöle 플란첼외-ㄹ　　　　플란첸외-ㄹ래	식물성 기름
pflegen, pflegte, hat gepflegt 플레-갠　플렉태　　게플렉트	돌보다, 간호하다, 보호하다
Pflicht (die), die Pflichten 플맇히트　　　플맇히탠	의무, 본분, 책임
Pfui! 프이!	피이

독일어(발음)	한국어
Pfund (das) 푼트	파운드
phantastisch 판타스티쉬	멋진
Picknickwetter (das) 피크닉베터	소풍 날씨 (단수로만 사용)
Pizza (die), die Pizzen 핏차　　　　　　핏챈	피자
Plakat (das), die Plakate 플라카-트　　　　　플라카-태	플랜카드, 벽보
Plan (der), die Pläne 플란　　　　　　플래-내	계획
Platz (der), die Plätze 플랏츠　　　　　플랫체	광장
Plural (der), die Plurale 플루-랄　　　　　플루-랄래	복수(문법)
Polen 폴-랜	폴란드
Polin (die), die Polinnen 폴-린　　　　　폴-린낸	폴란드 여성
Politikseminar (das), die Politikseminare 폴리틱제미나-　　　　　폴리틱제미나-래	정치 세미나

독일어(발음)	한국어
Polizei (die) 폴리차이	경찰
Polnisch 폴-니쉬	폴란드어
Pommes (die) (Plural) 포메스	폼 프리트, 포테이토
Position (die), die Positionen 포지치오-ㄴ　　　　포지치오-낸	위치
positiv 포지티-프	긍정적인
Possessivartikel (der), die Possessivartikel 포쎄시프아-티-캘　　　　포쎄시프아-티-캘	소유 대명사
Post (die) 포스트	우체국
Postkarte (die), die Postkarten 포스트카르태　　　　포스트카르탠	엽서
Postleitzahl (die), die Postleitzahlen 포스트라이트차-ㄹ　　　　포스트라이트차-ㄹ랜	우편번호
PPS 페페애쓰	재추서
Praktikant (der), die Praktikanten 프락티칸트　　　　프락티칸탠	실습생, 견습생

독일어(발음)	한국어
Praktikantin (die), die Praktikantinnen 프락티칸틴　　　　　　　프락티칸틴낸	여 실습생
Praktikum (das), die Praktika 프락티쿰　　　　　　　프락티카	현장 실습
Praktikumsdauer (die) 프락티쿰스다우어	실습 기간 (단수로만 사용)
praktisch 프락티쉬	실용적인
Präpositon (die), die Präpositonen 프래포지치오-ㄴ　　　　프래포지치오-낸	전치사
Präsens (das) 프래젠스	현재형 (단수로만 사용)
Präteritum (das), die Präterita 프래테-리툼　　　　　　프래테-리타	과거
Praxis (die), die Praxen 프락시스　　　　　프락샌	의원, 작은 병원
Preis (der), die Preise 프라잇스　　　　　프라이제	가격, 값
preiswert 프라이스베르트	적당한 가격의
privat 프리바-트	집 전화번호

독일어(발음)	한국어
Private (das) 프리바-테	사적인 것, 개인적인 것 (단수로만 사용)
pro 프로-	~마다, ~당
Problem (das), die Probleme 프로블레-ㅁ　　프로블레-매	문제
professionell 프로페씨오낼	직업적인
Prognose (die), die Prognosen 프로그노-재　　프로그노-잰	예측
Programm (das), die Programme 프로그람　　프로그라매	프로그램
Programmiererin (die), die Programmiererinnen 프로그라미어러린　　프로그라미어러린낸	여성 프로그래머
Pronomen (das), die Pronomen 프로노-맨　　프로노-맨	대명사
Prospekt (das), die Prospekte 프로스펙트　　프로스펙태	안내서, 설명서
Prüfung (die), die Prüfungen 프뤼-풍　　프뤼-풍앤	시험
PS 페에쓰	추서

독일어(발음)	한국어
Psittakose (die), die Psittakosen 프짙타코-재 · 프짙타코-잰	앵무새의 병명
Pullover (der) 풀로-버	스웨터
pünktlich 퓽크틀릫히	정확한, 정시의
Puppe (die), die Puppen 푸패 · 푸팬	인형
Puppenspieler (der), die Puppenspieler 푸팬슈피-ㄹ러 · 푸펜슈피-ㄹ러	인형극 연희자
Puppenspielerin (die), die Puppenspielerinnen 푸팬슈피-ㄹ러린 · 푸팬슈피-ㄹ러린낸	여자 인형극 연희자
putzen, putzte, hat geputzt 푿챈 · 푿츠태 · 게푿츠트	청소하다
Quadratmeter (der), die Quadratmeter 크바드라-트메-터 · 크바드라-트메-터	평방미터
Quellwasser (das), die Quellwasser 크벨바써 · 크벨바써	샘물
Rad (das), die Räder 라-트 · 래-더	바퀴, 자전거 (약칭)
Radio (das), die Radios 라-디오 · 라-디오스	라디오

독일어(발음)	한국어
Radioprogramm (das), die Radioprogramme 라-디오프로그람　　　　　　라-디오프로그라매	라디오 프로그램
Radiosendung (die), die Radiosendungen 라-디오젠둥　　　　　　라-디오젠둥앤	라디오 방송
Radiowerbung (die) 라-디오베르붕	라디오광고 (단수로만 사용)
Rahmen (der), die Rahmen 라-맨　　　　　　라-맨	틀, 테, 액자
Rat (der) 라-트	충고, 조언, 권고 (단수로만 사용)
raten, riet, hat geraten 라-탠 리-트　　　게라-탠	추측하다
Ratespiel (das), die Ratespiele 라-태슈피-ㄹ　　　　　　라-태슈피-ㄹ래	퀴즈 게임, 알아 맞추기 놀이
Rathaus (das), die Rathäuser 라-트하우스　　　　라-트호이저	시청
Ratschlag (der), die Ratschläge 라-트슐락　　　　　　라-트슐래-개	충고
Rätsel (das), die Rätsel 랱챌　　　　　　랱챌	수수께끼
rauchen, rauchte, hat geraucht 라욱핸　　　라욱흐태　　　게라욱흐트	담배를 피다

독일어(발음)	한국어
Realität (die), die Realitäten 레알리태-트　　　　레알리태-탠	현실
Rechnung (die), die Rechnungen 렣히눙　　　　렣히눙앤	지불 청구서
rechts 렣히츠	오른쪽의
reden, redete, hat geredet 레-댄　레-대태　게레-대트	말하다
Redewendung (die), die Redewendungen 레-대벤둥　　　　레-대벤둥앤	관용구, 숙어
Refrain (der), die Refrains 러프래-　　　　러프래-스	후렴
Regel (die), die Regeln 레-겔　　　　레-겔른	규칙
Regen (der) 레-갠	비 (단수로만 사용)
Regenkleidung (die) 레-갠클라이둥	비옷 (단수로만 사용)
regnen, regnete, hat geregnet 레그낸　레그네태　게레그네트	비가오다
Reichstagsgebäude (das) 라이히스타-ㅋ스게보이대	독일제국의회 건물 (단수로만 사용)

독일어(발음)	한국어
Reichstagskuppel (die) 라이히스타-ㅋ스쿠펠	독일제국의회 둥근 지붕(단수로만 사용)
Reihenfolge (die), die Reihenfolgen 라이엔폴개　　　　　　라이엔폴갠	차례, 순서
reinkommen, kam rein, ist reingekommen 라인콤맨　　　캄 라인　　　라인게콤맨	들어오다
Reis (der) 라이쓰	쌀
Reise (die), die Reisen 라이재　　　　　라이잰	여행
Reisebüro (das), die Reisebüros 라이재뷰-로　　　　　　라이재뷰-로스	여행사
Reiseführer (der), die Reiseführer 라이재퓨-러　　　　　　라이재퓨-러	여행 안내서
Reisegruppe (die), die Reisegruppen 라이재그루패　　　　　라이재그루팬	여행 (관광) 단체
Reiseleitung (die), die Reiseleitungen 라이재라이퉁　　　　　라이재라이퉁앤	여행안내
reisen, reiste, ist gereist 라이잰　라이스태　게라이스트	여행하다
Reiseplan (der), die Reisepläne 라이제플란　　　　　라이제플래-내	여행 계획

독일어(발음)	한국어
Reiseziel (das), die Reiseziele 라이제치-ㄹ　　　　라이제치-ㄹ래	여행 목적지
reiten, ritt, ist geritten 라이탠　릳트　게릳탠	말을 타다
Reiterhof (der), die Reiterhöfe 라이터호-프　　　라이터회-페	승마 치료소, 승마장
Reitstunde (die), die Reitstunden 라이트슈툰대　　　라이트슈툰댄	승마 수업 시간
Reittherapie (die), die Reittherapien 라이트테라피-　　　라이트테라피-앤	승마 치료
Rekord (der), die Rekorde 레코르트　　　레코르대	레코드, 기록
Religion (die), die Religionen 렐리기오-ㄴ　　　렐리기오-낸	신앙, 종교
Reparatur (die), die Reparaturen 레파라투-어　　　레파라투-랜	수선, 수리, 복구
reparieren, reparierte, hat repariert 레파리-랜　레파리어태　레파리어트	수리하다
reservieren, reservierte, hat reserviert 레저비-랜　레저비어태　레저비어트	예약하다
Restaurant (das), die Restaurants 레스토랑　　　레스토랑스	레스토랑

독일어(발음)	한국어
Rezeption (die), die Rezeptionen 레쳅치오-ㄴ　　　레쳅치오-낸	프런트, 안내대
rheinisch 라이니쉬	라인강의, 라인 지방의
richtig 맇히티히	옳은
Richtige (der/die/das) 맇히티개	올바른 남성/여성/ 것
riechen, roch, hat gerochen 리-핸　　록흐　　게롱핸	냄새가 나다
Rindfleisch (das) 린트플라이쉬	쇠고기
Rock (der), die Röcke 록 디-　　　뢱캐	치마
Rolle (die): eine Rolle spielen 롤래　　아이네 롤래 슈피-ㄹ랜	역할: 역할을 하다
Rollenspiel (das), die Rollenspiele 롤렌슈피-ㄹ　　롤렌슈피-ㄹ랜	역할놀이(극)
Romantikhotel (das), die Romantikhotels 로만틱호텔　　　로만틱호텔스	환상적이고 낭만적인 분위기를 갖춘 호텔
Romantik-Suite (die), die Romantik-Suiten 로만틱스위-태　　　로만틱스위-탠	환상적이고 낭만적인 분위기를 갖춘 스위트룸

독일어(발음)	한국어
rot 로-트	빨간색의
Rücken (der), die Rücken 뤼캔　　　　　　　뤼캔	등
Rückenmassage (die), die Rückenmassagen 뤼캔마싸-재　　　　　　　뤼켄마싸-잰	등 마사지
Rückenschmerzen (die) 뤼캔슈메르챈	등 통증, 디스크 (복수로만 사용)
Rückruf , die Rückrufe 뤼루-프　　　　　뤼루-패	답신 (회신)통화, 응답통화
Rucksack (der), die Rucksäcke 룩작　　　　　　　룩재캐	배낭
rückwärts 뤼배르츠	후진
ruhig 루-이히	조용한
rund 룬트	둥근, 원형의
rundherum 룬트헤룸	도처에
Russisch 룻시쉬	러시아어

독일어(발음)	한국어
Sack (der), die Säcke 작　　　　잭캐	자루, 주머니
Saft (der), die Säfte 자프트　　　재프테	주스
sagen, sagte, hat gesagt 자-갠　작태　　게작트	말하다
Sahne (die), die Sahnen 자-네　　　자-낸	크림
Salat (der), die Salate 잘라-트　　　잘라-테	샐러드
Salatgurke (die), die Salatgurken 잘라-트구르캐　　　잘라-트구르캔	샐러드용 오이
Salatkartoffel (die), die Salatkartoffeln 잘라-트카-토펠　　　잘라-트카-토펠른	샐러드용 감자
Salon (der), die Salons 잘롱-　　　잘롱스	살롱
Salsa (die) 잘자	살사 (단수로만 사용)
Salz (das) 잘츠	소금
sammeln, sammelte, hat gesammelt 잠멜른　잠멜태　　게잠멜트	수집하다

독일어(발음)	한국어
Samstag (der), die Samstage 잠스타-ㅋ　　　　　잠스타-개	토요일
Samstagabend (der), die Samstagabende 잠스탁아-벤트　　　　　잠스탁아-벤대	토요일 저녁
Samstagmorgen (der) 잠스탁모르갠	토요일 아침 (단수로만 사용)
Samstagnachmittag (der), 잠스탁낙흐미타-ㅋ die Samstagnachmittage 잠스탁낙흐미타-개	토요일 오후
Sandale (die), die Sandalen 잔달-래 디-　　　　　잔달-랜	샌들
Satz (der), die Sätze 자츠　　　　　잩채	문장
Säuberungsarbeit (die), die Säuberungsarbeiten 조이버룽스아르바이트　　　　　조이버룽스아르바이탠	청소
sauer 자우어	신, 식초에 절인
Sauna (die), die Saunas oder die Saunen 자우나　　　　　자우나스 오-더 자우낸	사우나
S-Bahn (die), die S-Bahnen 앳스-바-ㄴ　　　　　앳스-바-낸	(도시 고속) 전철

독일어(발음)	한국어
schade 샤-대	유감스러운
Schaf (das), die Schafe 샤-프　　　　　　샤-패	양
Schäfer (der), die Schäfer 섀-퍼　　　　　　섀-퍼	양치기, 목동
Schafwolle (die) 샤-프볼래	양털, 양모 (단수로만 사용)
schälen, schälte, hat geschält 섈랜　　　섈태　　　게섈트	껍질을 벗기다
Schalter (der), die Schalter 샬터　　　　　　샬터	창구(우체국, 은행)
schauen, schaute, hat geschaut 샤우앤　　샤우태　　게샤우트	보다
Scheibe (die), die Scheiben 샤이배　　　　　샤이밴	얇은 조각
scheinen, schien, hat geschienen 샤이낸　　쉬-ㄴ　　게쉬-낸	빛나다
schicken, schickte, hat geschickt 쉬캔　　　쉬크태　　게쉬크트	보내다
Schiff (das), die Schiffe 쉬프　　　　　　쉬패	배

독일어(발음)	한국어
Schild (das), die Schilder 쉴트　　　　　　　　쉴더	간판, 표지판, 상표
Schinkenbrot (das), die Schinkenbrote 슁켄브로-트　　　　　　슁켄브로-태	햄 샌드위치
Schinkenwurst (die), die Schinkenwürste 슁켄부어스트　　　　　　슁켄뷰르스태	햄 소시지
Schirm (der), die Schirme 쉬름　　　　　　쉬르매	우산
schlafen, schlief, hat geschlafen 슐라-팬　　슐리-프　　게슐라-팬	잠자다
Schlafstörung (die), die Schlafstörungen 슐라-프슈퇴-룽　　　　슐라-프슈퇴-룽앤	수면장애
Schlafzimmer (das), die Schlafzimmer 슐라-프침머　　　　슐라-프침머	침실
schlecht 슐레히트	나쁜
schlimm 슐림	좋지 않은, 나쁜
Schloss (das), die Schlösser 슐로쓰　　　　　슐뢰써	성(城)
Schlosspark (der), die Schlossparks 슐로쓰파-크　　　　슐로쓰파-크스	성에 딸린 공원

독일어(발음)	한국어
Schluss (der), die Schlüsse 슐루쓰 　　　　　 슐뤼쌔	끝
Schlüssel (der), die Schlüssel 슐뤼쌜 　　　　　 슐뤼쌜	열쇠
schmal 슈마ーㄹ	좁은
schmecken, schmeckte, hat geschmeckt 슈멕캔 　　 슈멕크태 　　 게슈멕크트	~한 맛이 나다
Schmerzen (die) 슈메르챈	아픔, 고통 (복수로만 사용)
Schmied (der), die Schmiede 슈미ー트 　　　　 슈미ー대	대장장이
schmutzig 슈뭍칠히	더러운, 추잡한
schneiden, schnitt, hat geschnitten 슈나이댄 　 슈니트 　　 게슈니탠	자르다, 썰다
schneien, schneite, hat geschneit 슈나이앤 　 슈나이태 　　 게슈나이트	눈이 오다
schnell 슈낼	빨리
Schnelligkeit (die) 슈낼리히카이트	속도, 속력, 스피드 (단수로만 사용)

독일어(발음)	한국어
Schokolade (die), die Schokoladen 쇼코라–대　　쇼코라–댄	초콜릿
Schokoladen-Nikolaus (der), 쇼코라–댄–니콜라우스 **die Schokoladen-Nikoläuse** 쇼코라–댄–니콜로이재	초콜릿으로 만든 니콜라우스
schon 쇼–ㄴ	이미
schön 쇠–ㄴ	멋진, 예쁜
Schöne Ostern! 쇠–네 오스턴!	좋은 부활절 되세요!
Schottland 쇼트란트	스코틀랜드
Schrank (der), die Schränke 슈랑크　　슈랭캐	장
Schreiben (das), die Schreiben 슈라이밴　　슈라이밴	편지
schreiben, schrieb, hat geschrieben 슈라이밴　슈리–ㅂ　게슈리–밴	쓰다
Schreibtisch (der), die Schreibtische 슈라입티쉬　　슈라입티쉐	책상

독일어(발음)	한국어
Schreibwaren (die) 슈라입바–랜	문방구
Schreibwarengeschäft (das), 슈라입바–랜게섀프트 **die Schreibwarengeschäfte** 슈라입바–랜게섀프태	문방구
Schreiner (der), die Schreiner 슈라이너　　　　　　　슈라이너	가구공
schriftlich 슈리프틀맇히	문서로, 글로 써서
Schuh (der), die Schuhe 슈–　　　　　　　슈–애	신발, 구두
Schuhmacher (der), die Schuhmacher 슈–막허　　　　　　　슈–막허	구두장이, 제화공
Schule (die), die Schulen 슐–래　　　　　　　슐–랜	학교
Schulgruppe (die), die Schulgruppen 슈–ㄹ그루패　　　　　　　슈–ㄹ그루팬	학생 단체
Schulklasse (die), die Schulklassen 슈–ㄹ클라쌔　　　　　　　슈–ㄹ클라쌘	학년, 학급
Schüssel (die), die Schüsseln 쉬쎌　　　　　　　쉬쎌른	대접, 사발

독일어(발음)	한국어
Schuster (der), die Schuster 슈스터　　　　　　　슈스터	제화공, 구두 수선공
Schütze (der), die Schützen 슡채　　　　　　　슡챈	사수(射手) 자리, 포수, 궁수, 사냥군
schwarz 슈바르츠	검은색의
Schweiz (die) 슈바이츠	스위스
schwer 쉬베어	힘든
Schwerpunkt (der), die Schwerpunkte 슈베어풍크트　　　　　　　슈베어풍크태	핵심 사안
Schwester (die), die Schwestern 슈베스터　　　　　　　슈베스터른	자매, 누이, 여자형제
schwierig 슈비-리히	어려운
Schwimmbad (das), die Schwimmbäder 슈빔바-트　　　　　　　슈빔배-더	수영장
schwimmen, schwamm, ist/hat geschwommen 슈빔맨　　　슈밤　　　이스트/하트 게슈봄맨	수영하다
See (der), die Seen 제-　　　　　　　제-앤	호수

독일어(발음)	한국어
sehen, sah, hat gesehen 제-앤　자-　게제-앤	보다
Sehenswürdigkeit (die), die Sehenswürdigkeiten 제-ㄴ스뷰르디히카이트　　제-ㄴ스뷰르디히카이탠	명소, 구경거리 – würdig ~할만한 가 치가 있는
sehr 제-어	매우
Sehr geehrte Damen und Herren 제어 게에르태 다-맨 운트 해랜	친애하는 숙녀, 신사 여러분!
Sehr geehrte Frau... 제어 게에르태 프라우 …	친애하는 ~씨 (여성 대상)
Sehr geehrter Herr... 제어 게에르터 해어	친애하는 …씨 (편 지에 서두에 쓰는 문구) (남자대상)
sehr gut 제-어 구-트	매우 좋다
sein, war, ist gewesen 자인　바-　게베-잰	~이다 (영어 be동사)
sein/seine 자인/자이네	그의, 그것의
seit 자이트	~이래, ~부터
seit wann 자이트 반	언제부터

독일어(발음)	한국어
Seite (die), die Seiten 자이태　　　　　자이탠	페이지
Sekretärin (die), die Sekretärinnen 제크레태-린　　　　제크레태-린낸	여비서
selbst 젤프스트	스스로
selbständig 젤프스탠딓히	자립적인, 독립적인
Selbstbedienungsrestaurant (das), 젤프스트베디-눙스레스토랑 **die Selbstbedienungsrestaurants** 젤프스트베디-눙스레스토랑스	셀프서비스 레스토랑
Selbstlernkurs (der), die Selbstlernkurse 젤프스트레른쿠어스　　　젤프스트레른쿠르재	자율학습과정
seltsam 젤트잠	기이한, 진기한
Semester (das), die Semester 제메-스터　　　　제메-스터	학기
Seminar (das), die Seminare 제미나-　　　　제미나-래	세미나
Sendung (die), die Sendungen 젠둥　　　　젠둥앤	방송, 프로그램

독일어(발음)	한국어
Senf (der) 젠프	겨자
September (der) 젭템버	구월 (단수로만 사용)
Service (der), die Services 써-비스　　　　써-비시스	서비스
servieren, servierte, hat serviert 제어비-랜　제어비어태　제어비어트	식사 시중을 들다, 손님을 대접하다
servus 제어붓스	잘 가, 잘 있어
sich 짙히	자기, 자기 자신의
sich etwas hinter die Ohren schreiben 짙히 애트밧스 힌터　디 오-랜　슈라이밴	~을 명심하다 (관용어)
sicher 짙혀	틀림없이
Sicherheit (die), die Sicherheiten 짙혀하이트　　　　짙혀하이탠	안전
Sicht (die) 지힐트	시야, 전망 (단수로만 사용)
sie 지-	그녀가

독일어(발음)	한국어
sie 지-	그들이
Sie 지-	당신은(존칭)
Silvester (das) 질베스터	십이월 삼십일일
singen, sang, hat gesungen 징앤　　　장　　　게중앤	노래하다
Singular (der), die Singulare 징굴라　　　　　징굴라-래	단수(문법)
sinkend 징켄트	가라앉은
Situation (die), die Situationen 지투아치오-ㄴ　　　지투아치오-낸	입장, 사정, 형편
Sitzplatzwahl (die) 지츠플랕츠바-ㄹ	좌석 선택 (단수로만 사용)
Ski (der), die Skier 쉬-　　　　쉬-어	스키
Ski fahren, fuhr Ski, ist Ski gefahren 쉬-파-랜　　　푸-어 쉬-　　　쉬 게파-랜	스키 타다
Skianzug (der), die Skianzüge 쉬-안추-ㅋ　　　　쉬-안취-개	스키복

독일어(발음)	한국어
Skorpion (der), die Skorpione 스코르피오-ㄴ　　　　　스코르피오-내	전갈자리
SMS (die), die SMS 애스엠애스　　　　애스엠애스	문자 메시지
Snowboard (das), die Snowboards 스노우보-드　　　　　스노우보드스	스노우보드
Snowboard fahren, fuhr Snowboard, 스노우보-드 파-랜　　　푸어 스노우보-드 **ist Snowboard gefahren** 스노우보-드 게파-랜	스노우보드를 타다
so 조-	그렇게
so viel 조 피-ㄹ	그렇게 많이
Socke (die), die Socken 족캐　　　　　족캔	양말
Sofa (das), die Sofas 조-파　　　　조-파스	소파
sofort 조포르트	즉시
sogar 조가르	심지어

독일어(발음)	한국어
Sohn (der), die Söhne 조-온　　　　　　　죄-내	아들
solche 졸해	그러한
sollen, sollte, hat gesollt 졸랜　　졸태　　　게졸트	마땅히 ~해야 하다 (화법조동사)
Sommer (der), die Sommer 좀머　　　　　　　좀머	여름
Sommermonat (der), die Sommermonate 좀머모-나트　　　　　　좀머모-나태	여름철
Sommerpause (die), die Sommerpausen 좀머파우재　　　　　　좀머파우잰	여름 휴식 (휴가) 기간
Sonderangebot (das), die Sonderangebote 존더안게보-트　　　　　　존더안게보-태	특가 제공, 특매품
Sonne (die), die Sonnen 존내　　　　　　존낸	태양, 해
Sonnenbrille (die), die Sonnenbrillen 존낸브릴래　　　　　　존낸브릴랜	선글라스
Sonnenschein (der) 존낸샤인	햇빛 (단수로만 사용)
sonnig 존닝히	햇볕이 비치는

독일어(발음)	한국어
Sonntag (der), die Sonntage 존타-ㅋ 존타-개	일요일
Sonntagabend (der), die Sonntagabende 존탁아-벤트 존탁아-벤대	일요일 저녁
Sonntagnachmittag (der), die Sonntagnachmittage 존탁낙흐미타-ㅋ 존탁낙흐미타-개	일요일 오후
sonst 존스트	그 외에
soweit 조-바이트	~하는 한, ~에
Spaghetti (die) (Plural) 슈파게티	스파게티
Spanien 슈파-니앤	스페인
Spanisch 슈파-니쉬	스페인어
Spanischkenntnisse (die) (Plural) 슈파-니쉬캔트니쌔	스페인어 지식 (복수로만 사용)
Spaß (der), die Späße 슈파-쓰 슈패쌔	재미
spät 슈패-트	늦은

독일어(발음)	한국어
spazieren gehen, ging spazieren, 슈파치-랜 게-앤　　　킹 슈파치-랜 ist spazieren gegangen 슈파치-렌 게강앤	산보하다, 산책하다
Spaziergang (der), die Spaziergänge 슈파치어강　　　　　슈파치어갱애	산책, 산보
Speise (die), die Speisen 슈파이재　　　슈파이잰	음식
Speisekarte (die), die Speisekarten 슈파이재카르태　　　슈파이재카르탠	식단
Spezialrucksack (der), die Spezialrucksäcke 슈페치알룩작　　　　　슈페치알룩재캐	특수 배낭
speziell 슈페치엘	특별한
Spiel (das), die Spiele 슈피-르　　　슈피-르래	놀이
spielen, spielte, hat gespielt 슈필랜　　슈필태　　게슈필트	놀이하다, 시합하 다, 연기하다
Sport (der) 슈포-트	스포츠 (단수로만 사용)
Sportagentur (die), die Sportagenturen 슈포-트아겐투-어　　　슈포-트아겐투-랜	스포츠 대리점

독일어(발음)	한국어
Sportbusiness (das) 슈포-트비즈니스	스포츠 사업 (단수로만 사용)
Sportevent (das), die Sportevents 슈포-트이벤트　　　슈포-트이벤츠	스포츠 이벤트
Sportgeschäft (das), die Sportgeschäfte 슈포-트게섀프트　　　슈포-트게섀프태	스포츠용품 가게
sportlich 슈포-틀릿히	스포츠에 관계되는
Sportreise (die), die Sportreisen 슈포-트라이재　　　슈포-트라이잰	스포츠 여행
Sportstudio (das), die Sportstudios 슈포-트슈투-디오　　　슈포-트슈투-디오스	스포츠 스튜디오
Sporttasche (die), die Sporttaschen 슈포-트탓쉐　　　슈포-트탓쉔	스포츠 가방
Sprache (die), die Sprachen 슈프랗해　　　슈프랗핸	언어, 말
Sprachraum (der), die Sprachräume 슈프랗흐라움　　　슈프랗흐로이매	언어권, der deutsche Sprachraum 독일어권
Sprachunterricht (der) 슈프랗흐운터리히트	어학수업 (단수로만 사용)
Sprachurlaub (der), die Sprachurlaube 슈프랗흐우얼라웁　　　슈프랗흐우얼라우배	어학연수

독일어(발음)	한국어
sprechen, sprach, hat gesprochen 슈프렣핸　　슈프랗흐　　게슈프롱핸	말하다
Sprechstunde (die), die Sprechstunden 슈프렣히슈툰대　　　　슈프렣히슈툰댄	면담시간
Stadt (die), die Städte 슈탙트　　　　슈탵태	도시
Stadtführung (die), die Stadtführungen 슈탙트퓨-룽　　　　슈타트퓨-룽앤	시내 관광
Stadtplan (der), die Stadtpläne 슈탙트플란　　　　슈타트플래-내	시가 지도
Stadtrundfahrt (die), die Stadtrundfahrten 슈탙트룬트파-르트　　　　슈탙트룬트파-르탠	시내관광 드라이브
Stadttheater (das) 슈탙트테아터	시립극장
Stadtzentrum (das), die Stadtzentren 슈탙트첸트룸　　　　슈타트첸트랜	시내중심가
Stahlindustrie (die) 슈타-ㄹ인두스트리	철강 산업 (단수로만 사용)
stark 슈타르크	강한
starten, startete, hat / ist gestartet 슈타-탠 슈타-테태　　　게슈타-테트	시작하다

독일어(발음)	한국어
Station (die), die Stationen 슈타치오-ㄴ　　　슈타치오-낸	정류장
Statistik (die), die Statistiken 슈타티스틱　　　슈타티스티캔	통계
Steak (das), die Steaks 스테-크　　　스테-크스	스테이크
Steckdose (die), die Steckdosen 슈텍도-재　　　슈텍도-잰	콘센트
stehen, stand, hat gestanden 슈테-앤　슈탄트　　게슈탄댄	서(놓여)있다, 정지하다, 멈추어 서다
stehen, stand, hat gestanden 슈테-엔　슈탄트　　게슈탄댄	존립하다, 존속하다
steigen, stieg, ist gestiegen 슈타이갠　슈티-ㅋ　게슈티-갠	올라가다
Steinbock (der), die Steinböcke 슈타인복　　　슈타인뵉캐	염소자리
Stelle (die), die Stellen 슈텔래　　　슈텔랜	일자리, 위치, 장소
stellen, stellte, hat gestellt 슈텔랜　슈텔태　　게슈텔트	세우다, 놓다
stempeln, stempelte, hat gestempelt 슈템펠른　슈템펠태　　게슈템펠트	스탬프를 찍다, 소인을 찍다

독일어(발음)	한국어
sterben, starb, ist gestorben 슈테르밴　슈타릅　　게슈토르밴	죽다
Sternzeichen (das), die Sternzeichen 슈테른차잉핸　　　　　슈테른차잉핸	별자리
Stichwort (das), die Stichwörter 슈팅히보르트　　　　슈팅히뵈르터	조항별 메모, 표어, 슬로건
Stier (der), die Stiere 슈티어　　　　슈티–래	황소; 황소자리
Stift (der), die Stifte 슈티프트　　　슈티프태	못 (대가리가 없는 가는), 핀; 연필
Stil (der), die Stile 슈티–ㄹ　　　슈티–ㄹ래	스타일
stimmen, stimmte, hat gestimmt 슈팀맨　　슈팀태　　게슈팀트	옳다, 맞다, 일치하다
Stock (der), die Stöcke 슈톡　　　　슈퇵캐	층
Straße (die), die Straßen 슈트라–쌔　　　슈트라–쌘	길, 거리
Straßenbahn (die), die Straßenbahnen 슈트라–쌘바–ㄴ　　　　슈트라–쌘바–낸	시가 전차
Straßenverkehr (der) 슈트라–쌘페어케어	도로교통 (단수로만 사용)

독일어(발음)	한국어
Strategie (die), die Strategien 슈트라테기-　　　슈트라테기-앤	전략, 전술
Stress (der) 스트레쓰	스트레스 (단수로만 사용)
stressig 스트레씷히	스크레스를 일으키는
Strom (der), die Ströme 슈트로-옴　　　슈트뢰-매	전류, 흐름, 분출
Stück (das), die Stücke 슈튁　　　슈튁캐	부분, 조각, 파편
Student (der), die Studenten 슈투덴트　　　슈투덴탠	대학생(남자)
studieren, studierte, hat studiert 슈투디-랜　슈튜디어태　슈투디어트	대학에 다니다, 대학에서 배우다
Studium (das) 슈투-디움	학업(단수로만 사용), 연구
Stuhl (der), die Stühle 슈투-ㄹ　　　슈튀-ㄹ래	의자
Stunde (die), die Stunden 슈툰대　　　슈툰댄	시간
suchen, suchte, hat gesucht 죽핸　　죽흐태　　게죽흐트	찾다, 구하다

독일어(발음)	한국어
Süddeutschland 쥐-트도이칠란트	남부 독일
Süden (der) 쥐-댄	남쪽 (단수로만 사용)
südlich 쥐-틀리히	남쪽의
Südturm (der), die Südtürme 쥐-트투움 　　쥐-트튀르매	남쪽 첨탑
Südwesten (der) 쥐-트베스탠	남서쪽 (단수로만 사용)
super 주-퍼	멋진, 끝내주는, 최고의
Superjob (der), die Superjobs 주-퍼좁　　주-퍼좁스	최고의 직업/ 일자리
Superlativ (der), die Superlative 주-퍼라티프　　주-퍼라티밴	최상급
Supermarkt (der), die Supermärkte 주-퍼마르크트　　주-퍼매르크태	슈퍼마켓
supermodern 주-퍼모데른	최첨단의
Suppe (die), die Suppen 주패　　주팬	수프

독일어(발음)	한국어
surfen, surfte, hat gesurft 써-팬　써-프태　게써-프트	파도 타다
sympathisch 짐파티쉬	호감이 가는, 마음에 드는, 공감의, 호의적인
Szene (die), die Szenen 스체-내　스체-낸	장면
Tablette (die), die Tabletten 타블레태　타블레탠	알약
Tag (der), die Tage 타-ㅋ　타-개	낮
Tagesseminar (das), die Tagesseminare 타-개스제미나-　타-개스제미나-래	일일 세미나
Tageszeit (die), die Tageszeiten 타-개스차이트　타-개스차이탠	하루의 (어떤) 시각
täglich 태-클리히	매일, 날마다
Tango (der), die Tangos 탕고　탕고스	탱고(춤)
Tangokurs (der), die Tangokurse 탕고쿠어스　탕고쿠르재	탱고 코스
Tankstelle (die), die Tankstellen 탕크슈텔래　탕크슈텔랜	주유소

독일어(발음)	한국어
tanzen, tanzte, hat getanzt 탄챈　　탄츠태　　게탄츠트	춤추다
Tanzkurs (der), die Tanzkurse 탄츠쿠어스　　탄츠쿠르재	춤 강좌
Tanzschule (die), die Tanzschulen 탄츠슐-래　　탄츠슐-랜	댄스 교습소
Tasche (die), die Taschen 탓쉐　　탓쉔	가방
tausendjährig 타우잰트얘-리히	천 년의
Taxi (das), die Taxis 탁시　　탁시스	택시
Taxifahrer (der), die Taxifahrer 탁시파-러　　탁시파-러	택시 기사
Techniker (der), die Techniker 텥히니커　　텥히니커	기술자
technisch 테히니쉬	기술적인
Tee (der) 테-	차(茶)
Teil (der), die Teile 타일　　타일래	부분, 전체의 일부

독일어(발음)	한국어
Telefon (das), die Telefone 텔레포-ㄴ　　　　　텔레포-내	전화
Telefonansage (die), die Telefonansagen 텔레포-ㄴ 안자-개　　　　텔레포-ㄴ 안자-갠	전화통지
Telefongespräch (das), die Telefongespräche 텔레포-ㄴ 게슈프랗히　　　텔레포-ㄴ 게슈프랗해	전화 대화, 통화
telefonieren, telefonierte, hat telefoniert 텔레포니-랜　　텔레포니어태　　텔레포니어트	전화하다
Telefonnummer (die), die Telefonnummern 텔레포-ㄴ 눔머　　　　텔레포-ㄴ 눔머른	전화번호
Teller (der), die Teller 텔러　　　　텔러	접시, 쟁반
Temperatur (die), die Temperaturen 템퍼라투-어　　　　템페라투-랜	온도
temporal 템포라-ㄹ	시간의, 때의
Tennis (das) 테니스	테니스 (단수로만 사용)
Tennis spielen, spielte Tennis, 테니스 슈피-ㄹ랜 슈필-태 테니스 **hat Tennis gespielt** 테니스 게슈필-트	테니스를 치다

독일어(발음)	한국어
Termin (der), die Termine 테어미-ㄴ　　　　테어미-내	일정, 기일, 기한
Terminkalender (der), die Terminkalender 테어미-ㄴ 칼렌더　　　　테어미-ㄴ 칼렌더	일정 기록용 메모장
Terminvereinbarung (die), 테어미-ㄴ페어아인바룽 **die Terminvereinbarungen** 테어미-ㄴ페어아인바룽앤	기일 약속, 날짜 약속, 예약
Terrasse (die), die Terrassen 테랏새　　　　테랏샌	테라스
teuer 토이어	비싼
Text (der), die Texte 텍스트　　　　텍스태	텍스트
Theater (das), die Theater 테아-터　　　　테아-터	극장 (연극을 올리는)
Theaterkarte (die), die Theaterkarten 테아-터카르태　　　　테아-터카르탠	연극 입장권
Thema (das), die Themen 테-마　　　　테-맨	주제, 테마
Therapie (die), die Therapien 테라피-　　　　테라피-앤	치료(요법)

독일어(발음)	한국어
Thermalbad (das), die Thermalbäder 테르마-ㄹ바-트　　　　테르마-ㄹ배-더	온천, 온욕
Ticket (das), die Tickets 티켙　　　　티켙츠	승차권, 탑승권, 입장권
Tier (das), die Tiere 티-어　　　　티-래	동물
Tierarzt (der), die Tierärzte 티-어아릍츠트　　　　티-어애릍츠태	수의사
Tierärztin (die), die Tierärztinnen 티-어애르츠틴　　　　티-어애르츠틴낸	여수의사
Tipp (der), die Tipps 팁　　　　팁스	암시, 힌트, 조언
Tisch (der), die Tische 팃쉬　　　　팃쉐	탁자, 테이블, 책상
Titel (der), die Titel 티-탤　　　　티-탤	제목, 칭호, 존칭
Tochter (die), die Töchter 톡흐터　　　　퇴히터	딸
Toilette (die), die Toiletten 토알레태　　　　토알레탠	화장실
toll 톨	아주 좋은, 멋진, 근사한

독일어(발음)	한국어
Tomate (die), die Tomaten 토마-태　　　　토마-탠	토마토
Tomatensoße (die), die Tomatensoßen 토마-텐조-쌔　　　　토마-탠조-쌘	토마토 소스
tot 토트	죽은
total 토타-ㄹ	전체의, 총체의
Tote (der/die), die Toten 토-태　　　　토-탠	죽은 사람, 사자
Tour (die), die Touren 투-어　　　　투-랜	투어, 관광
Tourist (der), die Touristen 투-리스트　　　　투-리스탠	여행객, 관광객
Touristeninformation (die), 투-리스탠인포마치오-ㄴ **die Touristeninformationen** 투-리스탠인포마치오-낸	관광정보
trainieren, trainierte, hat trainiert 트라니-랜　　트라니어태　　트라니어트	훈련하다
Training (das), die Trainings 트래-닝　　　　트래-닝스	훈련, 연습

독일어(발음)	한국어
Traube (die), die Trauben 트라우배　　　　　트라우밴	포도
Traum (der), die Träume 트라움　　　　　트로이매	꿈
träumen, träumte, hat geträumt 트로이맨　　트로임태　　게트로임트	꿈꾸다, 꿈에서
treffen, traf, hat getroffen 트래팬　　트라-프　　게트로팬	만나다
Treffpunkt (der), die Treffpunkte 트래프풍크트　　　　트래프풍크태	만나는 곳, 집합장소
Trekkingschuh (der), die Trekkingschuhe 트랙킹슈-　　　　　트랙킹슈-애	트래킹화
trennbar 트랜바-	분리할 수 있는
Treppe (die), die Treppen 트래패　　　　　트래팬	계단
Trick (der), die Tricks 트릭　　　　　트릭스	술수, 속임수
trinken, trank, hat getrunken 트링캔　　트랑크　　게트룽캔	마시다
tschüs 취-쓰	안녕 (헤어질 때 인사말)

독일어(발음)	한국어
T-shirt (das), die T-shirts 티-셔-트　　　　티-셔츠	T-셔츠
Tür (die), die Türen 튀-어　　　　튀-랜	문
Türkei (die) 튀르카이	터키
Türkisch 튀르키쉬	터키어
Turm (der), die Türme 투움　　　　튀르매	탑, 첨탑
Turmbesteigung (die), die Turmbesteigungen 투움배슈타이궁　　　　투움배슈타이궁앤	탑오르기, besteigen ~에 오르다
tut mir leid 투-트 미어 라이트	죄송합니다, 유감입니다
TV (das) 티-비-	TV
TV-Krimi (der), die TV-Krimis 티-비-크리미　　　　티-비-크리미스	TV 범죄영화
U-Bahn (die), die U-Bahnen 우-바-ㄴ　　　　우-바-낸	지하철
U-Bahn-Station (die), die U-Bahn-Stationen 우-바-ㄴ-슈타치오-ㄴ　　　　우-바-ㄴ-슈타치오-낸	지하철 역

독일어(발음)	한국어
üben, übte, hat geübt 위-밴 윕태 게윕트	연습하다
über 위-버	~에 관하여, 대하여
überall 위-버랄	도처에
überhaupt 위-버하우프트	대체로, 대개, 일반적으로
übermorgen 위-버모르갠	모레
übernachten, übernachtete, hat übernachtet 위-버낙흐탠 위-버낙흐테태 위-버낙흐테트	숙박하다
Übernachtung (die), die Übernachtungen 위-버낙흐퉁 위-버낙흐퉁앤	숙박
Übernachtungsmöglichkeit (die), 위-버낙퉁스뫼-클리히카이트, **die Übernachtungsmöglichkeiten** 위-버낙흐퉁스뫼-클리히카이탠	숙박 가능성
überrascht 위버라쉬트	놀란 상태
Überraschung (die), die Überraschungen 위버랏슝 위버랏슝앤	놀람, 놀라게 함, 뜻밖의 사건

독일어(발음)	한국어
Übersichtstafel (die), die Übersichtstafeln 위-버지히츠타-펠　　　　　위-버지히츠타펠른	일람표
Übung (die), die Übungen 위-붕　　　　위-붕앤	연습
Uganda 우-간다	우간다
Uhr (die), die Uhren 우-어　　　우-랜	시간, 시계
Uhrzeit (die), die Uhrzeiten 우-어차이트　　　우-어차이탠	시각
Ui! 우이!	끝내주네!
Ukraine (die) 우크라-이내	우크라이나
um 움	주위를
um die Ecke 움 디 액캐	근처에, 모퉁이에, ~바로 곁에서
umgeben (sich), umgab sich, hat sich umgeben 움게-밴 짙히　　움갑　짙히　　짙히 움게-밴	둘러싸다, 에워싸다, 두르다
umhergehen, ging umher, ist umhergegangen 움해어게-앤　　깅 움해어　　움해어게강앤	이리저리 걸어 다 니다, 배회하다

독일어(발음)	한국어
umsteigen, stieg um, ist umgestiegen 움슈타이갠 슈티-ㄱ 움 움게슈티-갠	갈아타다
umziehen, zog um, ist umgezogen 움치-앤 초-ㄱ 움 움게초갠	이사하다, 이주하다
unbedingt 운배딩트	무조건, 절대적으로
unbekannt 운배칸트	알려지지 않은
und 운트	그리고
unfreundlich 운프로인틀맇히	불친절한
ungewöhnlich 운게뵈-ㄴ맇히	이례적인, 진기한, 별난
unglaublich 운글라우플맇히	믿을 수 없는
Universität (die), die Universitäten 우니버지태-트 우니버지태-탠	대학교
unmöglich 운뫼-클리히	불가능한
uns 운스	우리들에게, 우리들을

독일어(발음)	한국어
unser 운저	우리의
unten 운탠	아래에, 아래쪽에
unter der Woche 운터 데어 복해	주 중에
Untergeschoss (das), die Untergeschosse 운터게숏스 　　　　　 운터게숏새	지하층
unternehmen, unternahm, hat unternommen 운터네–맨 　　 운터남– 　　 운터놈맨	착수하다, 행하다, Man kann gar nichts unternehmen. 아무것도 (행)할 수 없다
Unterricht (der) 운터리히트	수업 (단수로만 사용)
unterrichten, unterrichtete, hat unterrichtet 운터리히탠 　 운터리히테태 　 운터리히테트	가르치다, 강의하다
unterschiedlich 운터쉬–틀리히	여러 가지의, 상이한
unterschreiben, unterschrieb, hat unterschrieben 운터슈라이밴 　 운터슈리–ㅂ 　 운터슈리–밴	서명하다
Unterschrift (die), die Unterschriften 운터슈리프트 　　　 운터슈리프탠	서명
untersuchen, untersuchte, hat untersucht 운터죽핸 　　 운터죽흐태 　　 운터죽흐트	철저히 점검하다, 조사하다

독일어(발음)	한국어
unterwegs 운터베-ㄱ스	도중에, 여행 중에
unwichtig 운빟티히	중요하지 않은
Urlaub (der), die Urlaube 우얼라웁　　　　　우얼라우배	휴가
USA (die - Plural) 우에스아-(복수형)	미국
Variante (die), die Varianten 바리안태　　　　　바리안탠	변종, 변이, 변형
variieren, variierte, hat variiert 바리이-랜　바리이-어태　바리이-어트	변화시키다, 변형시키다
Vater (der), die Väter 파-터 패-터	아버지
verabreden, verabredete, hat verabredet 페어아프레-댄　페어아프레-데태　페어아프레-데트	~을 약속하다
Verabredung (die), die Verabredungen 페어아프레-둥　　　　페어아프레-둥앤	약속
verabschieden, verabschiedete, hat verabschiedet 페어압쉬-댄　페어압쉬-데태　페어압쉬-데트	작별 인사를 하다
Verb (das), die Verben 베릅　　　베르밴	동사

독일어(발음)	한국어
verboten 페어보-탠	금지된
Verein (der), die Vereine 페어아인　　　　페어아이내	협회, 단체, 클럽
vereinbaren, vereinbarte, hat vereinbart 페어아인바-랜　　페어아인바르태　　페어아인바르트	~와 약속하다
Vereinbarung (die), die Vereinbarungen 페어아인바-룽　　　　페어아인바-룽앤	약속하기, 협정함, 협정, 일치
Verfügung (die), die Verfügungen 페어퓽-궁　　　　페어퓨-궁앤	마음대로 하기, 명령, 지시
vergessen, vergaß, hat vergessen 퍼어겟샌　　페어가-쓰　　퍼어겟샌	잊어버리다(생각)
vergleichen, verglich, hat verglichen 페어글라이핸　　페어글리히　　페어글리핸	비교하다
verheiratet 페어하이라테트	기혼의
verkaufen, verkaufte, hat verkauft 페어카우팬　　페어카우프태　　페어카우프트	팔다, 판매하다
Verkäuferin (die), die Verkäuferinnen 페어코이퍼린　　　　페어코이퍼린낸	여 판매원, 여 점원
Verkaufsaktion (die), die Verkaufsaktionen 페아카우프스악치오-ㄴ　　페어카우프스악치오-낸	판매활동, 판매행위

독일어(발음)	한국어
Verkehrsmittel (das), die Verkehrsmittel 페어케어스미탤　　　　　페어케어스미탤	교통수단
Verkehrsschild (das), die Verkehrsschilder 페어케어스쉴트　　　　　페어케어스쉴더	교통표지판
verlieren, verlor, hat verloren 페어리–랜　　페어로–어　　페어로–랜	잃어버리다
vermieten, vermietete, hat vermietet 페어미–탠　　페어미–테태　　페어미–테트	빌려주다, 임대하다
Vermutung (die), die Vermutungen 페어무–퉁　　　　　페어무–퉁앤	추측
verneinen, verneinte, hat verneint 페어나이낸　　페어나인태　　페어나인트	아니라고 대답하다, 부정하다
verrückt 페어뤽트	미친
verschicken, verschickte, hat verschickt 페어쉬캔　　페어쉬크태　　페어쉬크트	보내다, 파견하다
verschieben, verschob, hat verschoben 페어쉬–밴　　페어숍　　페어쇼–밴	연기하다
Versicherung (die), die Versicherungen 페어짙혀룽　　　　　페어짙혀룽앤	보험
Verspätung (die), die Verspätungen 페어슈패–퉁　　　　　페어슈패–퉁앤	연착

독일어(발음)	한국어
verstehen, verstand, hat verstanden 페어슈테-앤　페어슈탄트　페어슈탄댄	이해하다
versuchen, versuchte, hat versucht 페어죽핸　페어죽흐태　페어죽흐트	시도하다
verwitwet 페어비트베트	과부의
Vesper (die/das) 베스퍼	간식(오후의)
Video (das), die Videos 비-데오　비-데오스	비디오
viel 피-ㄹ	많은
Viel Erfolg/ Glück/ Spaß 피-ㄹ 에어폴크/글뤽/슈파-쓰	많은 성과 있으시길!/ 많은 행운이 있기를!/ 아주 재미있기를!
viele Grüße 피-ㄹ래 그뤼-쌔	편지에 쓰이는 인삿말
vielen Dank 피-ㄹ랜 당크	대단히 감사합니다
vielleicht 필라잇히트	아마도, 어쩌면
Viertel nach/vor 피-어텔 낙흐/ 포-어	십오분/사십오분 (십오분 단위를 독일 어로 읽을 때 사용)

독일어(발음)	한국어
Viertelstunde (die), die Viertelstunden 피어텔슈툰대　　　　　　　피어텔슈툰댄	십오분
Visitenkarte (die), die Visitenkarten 비지탠카르태　　　　　　　비지탠카르탠	명함
Volksfest (das), die Volksfeste 폴크스페스트　　　　　폴크스페스태	민속 축제
Vollpension (die), die Vollpensionen 폴팡지오-ㄴ　　　　　　폴팡지오-낸	세끼 식사제공 숙박 (소)
von 폰	~의, ~부터
von ... bis 폰 … 비쓰	~부터 ~까지
vor 포-어	전에
vor allem 포-어 알램	우선, 무엇보다도
vor Ort 포-어 오르트	현장에서 바로
vorbeigehen, ging vorbei, ist vorbeigegangen 포-어바이게-엔　깅 포-어바이　　　포-어바이게강앤	지나쳐 가다, 걸어 서 지나가다
vorbeikommen, kam vorbei, ist vorbeigekommen 포-어바이콤맨　　　캄 포-어바이　　　포-어바이게콤맨	들렀다 가다, 잠깐 들르다

독일어(발음)	한국어
vorbeisein, war vorbei, ist vorbeigewesen 포-어바이 자인 바- 포-어바이 이스트 포-어바이게베-잰	지나갔다
vorhaben, hatte vor, hat vorgehabt 포-어하-밴 하태 포-어 포-어게합트	의도하다, 계획하다
vorhanden sein, war vorhanden, 포-어한댄 자인 바- 포-어한댄 **ist vorhanden gewesen** 포-어한댄 게베-잰	존재하고 있다, 있다
vorher 포-어해어	전에
vorlesen, las vor, hat vorgelesen 포-어레-잰 라스 포-어 포-어겔레-잰	낭독하다
Vorliebe (die), die Vorlieben 포-어리-배 포-어리-밴	특별한 관심, 특히 애호함, 편애
Vormittag (der), die Vormittage 포-어미타-ㅋ 포-어미타-개	오전
Vorname (der), die Vornamen 포-어나-매 포-어나-맨	이름
vorne 포르내	앞에
Vorsatz (der), die Vorsätze 포-어잗츠 포-어잴채	의도, 뜻

독일어(발음)	한국어
Vorschlag (der), die Vorschläge 포-어슐락-　　　　　포-어슐래-개	제안
Vorsicht (die) 포-어 히트	주의, 조심
vorsichtig 포어 히티히	조심스러운, 신중한
vorspielen, spielte vor, hat vorgespielt 포-어슈피-ㄹ랜 슈피-ㄹ태 포-어 포어게슈피-ㄹ트	연주하여 들려주다
vorstellen (sich), stellte sich vor, hat sich vorgestellt 짆히 포-어슈텔랜　슈텔태 짆히 포-어　짆히 포-어게슈텔트	소개하다
vorwärts 포-어배르츠	앞으로
vorweihnachtlich 포-어바이낙흐틀리히	크리스마스 직전의
Waage (die), die Waagen 봐-개　　　　　봐-갠	천칭자리; 저울, 천칭, 균형
wachsen, wuchs, ist gewachsen 박샌　　　북스　　　게박샌	자라다, 성장하다
wählen, wählte, hat gewählt 밸-랜　밸태　　게밸트	선택하다, 고르다
wahr 봐-	진실한

독일어(발음)	한국어
während 배-렌트	~하는 동안 (2격지배 전치사)
Wand (die), die Wände 반트　　　　　　　밴대	벽
wandern, wanderte, ist gewandert 봔더른　　　봔더르태　　　게봔더르트	도보로 여행하다
wann? 반?	언제?
warm 봠	따뜻한, 난방비를 포함한 집세
warten, wartete, hat gewartet 바르탠　　　바르테태　　　게바르테트	기다리다
warum? 바룸	왜
was? 밧스	무엇(what)
Waschbecken (das), die Waschbecken 봣쉬배캔　　　　　　　봣쉬배캔	세면대
waschen, wusch, hat gewaschen 봣쉔　　　부쉬　　　게봣쉔	씻다, 빨래하다
Waschmaschine (die), die Waschmaschinen 봣쉬마쉬-내　　　　　　봣쉬마쉬-낸	세탁기

독일어(발음)	한국어
Wasser (das) 봣서	물
Wassermann (der), die Wassermänner 봣서만　　　　　　　봣서매너	물병자리
Wassersportschule (die), die Wassersportschulen 봣서슈포-트슈-ㄹ래　　　　봣서슈포-트슈-ㄹ랜	해양 스포츠 학교
WC (das), die WCs 베-체　　　베-체스	화장실
Web-Seite (die), die Web-Seiten 웹-사이트　　　　웹-사이탠	웹 사이트
Wechselgeld (das) 벡셀겔트	거스름돈 (단수로만 사용)
Weg (der), die Wege 베-ㅋ　　　베-개	길, 도로
weg sein 벡 자인	가버렸다
Wegbeschreibung (die), die Wegbeschreibungen 베-ㅋ배슈라이붕　　　　　베-ㅋ배슈라이붕앤	길 찾기 묘사
wegen 베-갠	때문에
wehtun, tat weh, hat wehgetan 베-투-ㄴ　타-트 베-　베-게타-ㄴ	아프다

독일어(발음)	한국어
weich 바잋히	부드러운, 유연한
Weihnachten (das) 바이낙흐텐	크리스마스
Weihnachtsmarkt (der), die Weihnachtsmärkte 바이낙흐츠마르크트　　바이낙흐츠매르크태	크리스마스 시장
Wein (der) 봐인	와인
weiß 바이쓰	하얀색의
weit 바이트	먼, 아득한
Weiterbildung (die), die Weiterbildungen 바이터빌둥　　바이터빌둥앤	재교육
weiterführen, führte weiter, hat weitergeführt 바이터퓨-랜　퓨-르태 바이터　바이터게퓨-르트	계속하다
weitergehen, ging weiter, ist weitergegangen 바이터게-앤　깅 바이터　바이터게강앤	계속 가다
welche 밸해	어느
Wellnessangebot (das), die Wellnessangebote 웰니스안게보-트　　웰니스안게보-태	건강 상품

독일어(발음)	한국어
Welt (die), die Welten 벨트　　　　벨탠	세계
weltberühmt 벨트배뤼-ㅁ트	세계적으로 유명한
Weltrekord (der), die Weltrekorde 벨트레코르트　　　벨트레코르대	세계기록
wem 벰	누구에게
Wendung (die), die Wendungen 벤둥　　　　벤둥앤	표현 (방법), 숙어
wenig 베-닣히	적은, 근소한, 소량의
wenn 벤	만약 ~한다면
wer 베-어	누구(who)
werden, wurde, ist geworden 베어댄　　부어대　　게보어댄	되다, 이르다
Werk (das), die Werke 베르크　　　베르캐	작품
Wert (der), die Werte 베르트　　　베르태	가치, 값(수학)

독일어(발음)	한국어
Westdeutschland 베스트도이췰란트	서독
Westen (der) 베스탠	서쪽 (단수로만 사용)
westlich 베스틀릭히	서쪽에;
Wetter (das) 베터	날씨 (단수로만 사용)
Wetterbericht (der), die Wetterberichte 베터배리히트 베터배리히태	날씨예보, 일기예보
W-Frage (die), die W-Fragen 베-프라-개 베-프라-갠	W로 시작하는 의문문
wichtig 빙히티히	중요한
Wichtigkeit (die) 비히팅히카이트	중요성 (단수로만 사용)
Widder (der), die Widder 비더 비더	숫양; 양자리 (백양궁)
widersprechen, widersprach, hat widersprochen 비더슈프렣핸 비더슈프랗흐 비더슈프�핸	반대하다
wie 비-	~처럼

독일어(발음)	한국어
Wie bitte? 비- 비태?	뭐라구요?
Wie geht es dir? 비- 게-트 앳스 이-낸?	어떻게 지내니?
Wie geht es Ihnen? 비- 게-트 앳스 이-낸?	어떻게 지내십니까?
Wie geht's? 비- 게-츠?	어떻게 지내요? (안부 인사)
wie lange 비- 랑애	얼마나 오래
wie oft? 비- 오프트	얼마나 자주?
Wie spät? 비- 슈패-트	몇 시 입니까?
wie viel? 비- 피-르?	얼마나 많이?
wie weit 비- 바이트	얼마나 머니?
wie? 비-?	어떻게(how)
wieder 비-더	다시

독일어(발음)	한국어
Wiederhören (das) 비-더회-랜	안녕
wiederkommen, kam wieder, ist wiedergekommen 비-더콤맨　　　　캄 비-더　　　　이스트 비-더게콤맨	돌아오다, 귀환하다
Wiedersehen (das) 비-더제-앤	재회
Wiener Würstchen (das), die Wiener Würstchen 비-너 뷰르스챈　　　　　　비-너 뷰르스챈	비엔나 소시지
willkommen 빌콤맨	환영하다
Wind (der), die Winde 빈트　　　　　　빈데	바람
windig 빈딯히	바람 부는
Winter (der), die Winter 뷘터　　　　　　뷘터	겨울
Winterdepression (die), die Winterdepressionen 뷘터데프레씨오-ㄴ　　　　　뷘터데프레씨오-낸	겨울철 특유의 우울증
wir 비어	우리
wirklich 비르클맇히	실제의, 진짜의

독일어(발음)	한국어
Wirtschaft (die) 비르트샤프트	경제 (단수로만 사용)
Wirtschaftskenntnisse (die) (Plural) 비르트샤프트캔트니쌔	경제에 관련된 지식(복수로만 사용)
Wissen (das) 비쌘	지식 (단수로만 사용)
wissen, wusste, hat gewusst 비쌘　부쓰태　게부쓰트	알다
wo? 보–	어디에
Woche (die), die Wochen 붛해　　붛핸	주
Wochenende (das), die Wochenenden 붛핸앤대　　붛핸앤댄	주말
Wochenendseminar (das), die Wochenendseminare 붛핸앤트제미나–　　붛핸앤트제마나–래	주말 세미나
Wochentag (der), die Wochentage 붛핸타–ㅋ　　붛핸타–개	평일
woher? 보해–어	어디에서
wohin 보–힌	어디로

독일어(발음)	한국어
wohl 보-ㄹ	아마도
wohnen, wohnte, hat gewohnt 보-낸　　　본-태　　　게본-트	거주하다
Wohnfläche (die), die Wohnflächen 보-ㄴ플랭해　　　　보-ㄴ플랭핸	주거면적
Wohngemeinschaft (die), die Wohngemeinschaften 보-ㄴ-게마인샤프트　　　보-ㄴ-게마인샤프탠	주거공동체
Wohnort (der), die Wohnorte 보-ㄴ오르트　　　보-ㄴ오르태	거주지
Wohnraum (der), die Wohnräume 보-ㄴ라움　　　보-ㄴ로이매	주거공간, 주택
Wohnstil (der), die Wohnstile 보-ㄴ슈티-ㄹ　　　보-ㄴ슈티-ㄹ래	주거공간 스타일
Wohnung (die), die Wohnungen 보-눙　　　보-눙앤	주거지, 주택, 집, 숙소
Wohnungsanzeige (die), die Wohnungsanzeigen 보-눙스안차이개　　　보-눙스안차이갠	부동산 거래를 위한 광고
Wohnzimmer (das), die Wohnzimmer 보-ㄴ침머　　　보-ㄴ침머	거실
Wolle (die) 볼래	양모 (단수로만 사용)

독일어(발음)	한국어
wollen, wollte, hat gewollt 볼랜　　　볼태　　　게볼트	~원하다, ~할 예정이다
Wort (das), die Wörter 보르트　　　뵈르터	단어
Wortbildung (die), die Wortbildungen 보르트빌둥　　　보르트빌둥앤	조어(造語)
Wörterbuch (das), die Wörterbücher 뵈르터북흐　　　뵈르터뷯혀	사전
worüber 보뤼–버	무엇에 관하여 wo+ über=worüber (r삽입) wo는 전치사 목적어
wunderbar 분더바–	놀라운, 경이로운
Wunsch (der), die Wünsche 분쉬　　　뷘쉐	희망, 소망
wünschen, wünschte, hat gewünscht 뷘쉔　　　뷘쉬태　　　게뷘쉬트	희망하다
Würfel (der), die Würfel 뷔르펠　　　뷔르펠	입방체, 주사위
Wurst (die), die Würste 부어스트　　　뷰르스태	소시지
Würstchen (das), die Würstchen 뷰르스챈　　　뷰르스챈	작은 소시지

독일어(발음)	한국어
wütend 뷰-텐트	격노한, 분노한
Zahl (die), die Zahlen 차-ㄹ　　　차-ㄹ랜	숫자
zahlen, zahlte, hat gezahlt 차-ㄹ랜　차-ㄹ태　게차-ㄹ트	지불하다
zählen, zählte, hat gezählt 채-ㄹ랜　채-ㄹ태　게채-ㄹ트	세다
zeichnen, zeichnete, hat gezeichnet 차이히낸　차이히네태　게차이히테트	스케치하다, 그림을
Zeichnung (die), die Zeichnungen 차이히눙　　　　차이히눙앤	그림, 제도, 표시
zeigen, zeigte, hat gezeigt 차이갠　차이익태　게차이익트	보여주다, 알리다, 가리키다
Zeit (die), die Zeiten 차이트　　　차이탠	시간
Zeitangabe (die), die Zeitangaben 차이트안가-배　　　차이트안가-밴	시간 제시어, 연월일
Zeitmanagement (das) 차이트매니지맨트	시간관리 (단수로만 사용)
Zeitplanung (die), die Zeitplanungen 차이트플라-눙　　　차이트플라눙앤	시간계획

독일어(발음)	한국어
Zeitschrift (die), die Zeitschriften 차이트슈리프트　　　차이트슈리프탠	잡지
Zeitung (die), die Zeitungen 차이퉁　　　차이퉁앤	신문
Zeitungsartikel (der), die Zeitungsartikel 차이퉁스아-티-캘　　　차이퉁스아-티-캘	신문기사
Zeitungstext (der), die Zeitungstexte 차이퉁스텍스트　　　차이퉁스텍스태	신문텍스트
zentral 첸트랄-	중심부에 있는
Zentrum (das), die Zentren 첸트룸　　　첸트랜	중심지, 센터
Zertifikat (das), die Zertifikate 체르티피카트　　　체르티피카태	수여증서, 증명서
Ziel (das), die Ziele 치-ㄹ　　　치-ㄹ래	목표, 목적지
ziemlich 치-ㅁ맇히	상당한, 대체로, 어지간히
Zigarette (die), die Zigaretten 치가레태　　　치가레탠	담배
Zimmer (das), die Zimmer 침머　　　침머	방

독일어(발음)	한국어
Zinnfigur (die), die Zinnfiguren 친피구-어　　　　　친피구-랜	주석 형상(인형)
Zinnfigurenmuseum (das), 친피구-랜무제움 **die Zinnfigurenmuseen** 친피구-랜무제-ㄴ	주석인형 박물관
Zinnfigurensammlung (die), 친피구-렌잠룽 **die Zinnfigurensammlungen** 친피구-렌잠룽앤	주석인형 수집
Zitat (das), die Zitate 치타-트	인용문
zu 추-	~에 (방향)
zu dick 추- 딕	너무 뚱뚱한
zu Fuß 추- 푸-쓰	걸어가
zu Hause 추- 하우재	집에 있는
Zucker (der) 축커	설탕

독일어(발음)	한국어
zufrieden 추-프리-댄	만족한
Zug (der), die Züge 추-ㅋ　　　　취-개	기차
zuhören, hörte zu, hat zugehört 추-회-랜　회르태 추-　　추-게회르트	경청하다, 귀를 기울이다
zum Beispiel 춤 바이슈피-ㄹ	예를 들자면
zum Glück 춤 글뤽	다행히도
zum Schluss 춤 슐루쓰	마지막으로
zumachen, machte zu, hat zugemacht 추막핸　　막흐태 추-　　추-게막흐트	닫다, 닫는다
zunächst 추-낵스트	처음에, 맨 먼저
zuordnen, ordnete zu, hat zugeordnet 추-오르드낸　오르드네태 추-　　추-게오르드네트	부속시키다
zur Schule gehen, ging zur Schule, 추어 슐-래 게-앤　　　강 추어 슐-래 **ist zur Schule gegangen** 추어 슐-래 게강앤	학교에 가다

독일어(발음)	한국어
zur Verfügung stehen, stand zur Verfügung, 추어 페어퓨-궁 슈테-앤　슈탄트 추어 페어퓨-궁 **hat/ist zur Verfügung gestanden** 추어 페어퓌-궁 게슈탄댄	마음대로 하다 사용하도록 되어 있다
zurück 추-뤽	되돌아(올 때)
zurückgehen, ging zurück, ist zurückgegangen 추뤽게-엔　깅 추뤽　추뤽게강앤	되돌아가다, 후진 (후퇴)하다
zurückkommen, kam zurück, 추-뤽콤맨　캄 추-뤽 **ist zurückgekommen** 추-뤽게콤맨	되돌아 오다
zurückrufen, rief zurück, hat zurückgerufen 추뤽루-팬　리-프 추뤽　추뤽게루-팬	응답 전화를 하다
zurzeit, zur Zeit 추어차이트 추어 차이트	현재
Zusage (die), die Zusagen 추-자-개　추-자-갠	승낙, 수락
zusagen, sagte zu, hat zugesagt 추-자-갠　작태 추-　추-게작트	약속하다, 받아들이다
zusammen 추잠맨	함께

독일어(발음)	한국어
zusammen bleiben, blieb zusammen, 추잠맨 블라이밴 블리-ㅂ 추잠맨 ist zusammen geblieben 추잠맨 게블리-밴	함께 머무르다
zusammenpassen, passte zusammen, 추잠맨파쌘 파쓰태 추잠맨 hat zusammengepasst 추잠맨게파쓰트	걸맞다
zustimmen, stimmte zu, hat zugestimmt 추-슈팀맨 슈팀태 추- 추-게슈팀트	동의하다
Zutat (die), die Zutaten 추타-트 추타-탠	첨가물
Zwiebel (die), die Zwiebeln 츠비-벨 츠비-벨른	양파
Zwilling (der), die Zwillinge 츠빌링 츠빌링애	쌍둥이 자리; 쌍둥이
zwischen 츠빗샌	~사이에
Zwischenspiel (das), die Zwischenspiele 츠빗샌슈피-ㄹ 츠빗샌슈피-ㄹ래	막간을 이용한 놀이, 간주, 막간극

安養樓
開心寺

한·독 어휘

한국어	독일어(발음)
~가 있다 (there is/are)	es gibt -> geben, gab, hat gegeben 앳스 깁트　게-밴 갑　게게-밴
~가에, ~에	an 안
~까지	bis 빗스
~다음에, 그리고 나서	dann 단
~라 칭한다, ~입니다	heißen, hieß, hat geheißen 하이쌘　히-쓰　게하이쌘
~로 가다	hingehen, ging hin, ist hingegangen 힌게-엔　깅 힌　힌게강앤
~로, ~와 함께 (도구, 수단(전지사))	mit 밑트
~로부터(시간)	ab 압
~마다, ~당	pro 프로-
~보다 좋은(형용사 gut의 비교급)	besser 배써
~부터 ~까지	von ... bis 폰 … 비쓰

한국어	독일어(발음)
~사이에	zwischen 츠빗섄
~아니다, ~않다(형용사 및 동사 부정하기)	nicht 니힐트
~아니다, 하나도 ~않다	kein 카인
~안에	in 인
~액수에 달하다	betragen, betrug, hat betragen 배트라-갠　　배트룩　　　배트라-갠
~없이 (4격 지배 전치사)	ohne 오-내
~에(방향)	zu 추-
~에 (어떠한 장소나 사안에 참여), 가까이, 곁에, 근처에	bei 바이
~에 관하여, 대하여	über 위-버
~에 대항하여 (4격지배전치사)	gegen 게-갠
~에 반하여, ~일에	dagegen 다게-갠

한국어	독일어(발음)
~에 있다	liegen in ..., lag in ..., hat in ... gelegen 리-갠 인　　락 인　　인 ⋯ 겔레-갠
~와 아주 똑같이, ~도	ebenso 에벤조-
~와 약속하다	vereinbaren, vereinbarte, hat vereinbart 페어아인바-랜　페어아인바르태　페어아인바르트
~원하다, ~할 예정이다	wollen, wollte, hat gewollt 볼랜　　볼태　　게볼트
~위에	auf 아우프
~으로, ~후에 (3격전치사)	nach 낙흐
~으로부터	aus 아웃스
~으로서, ~했을 때	als 알스
~을 명심하다 (관용어)	sich etwas hinter die Ohren schreiben 짘히 애트밧스 힌터　　디 오-랜 슈라이밴
~을 약속하다	verabreden, verabredete, hat verabredet 페어아프레-댄　페어아프레-데태　　페어아프레-데트
~을 위하여 (4격전치사)	für 퓨어

한국어	독일어(발음)
~을 통과하여	**durch** 두르히
~을 포함하여, ~을 넣어	**inklusive** 인클루지 – 배
~을 허락하다 (화법 조동사)	**dürfen, durfte, hat gedurft** 듀르팬　　두르프태　　　게두르프트
~의 것이다, (~에게) 속하다	**gehören, gehörte, hat gehört** 게회 – 랜　　게회르태　　　게회르트
~의 일부를 이루다, ~의 소속이다;	**gehören, gehörte, hat gehört** 게회 – 랜　　게회르태　　　게회르트
~의, ~부터	**von** 폰
~이다 (영어 be동사)	**sein, war, ist gewesen** 자인　　바 –　　게베 – 잰
~이래, ~부터	**seit** 자이트
~처럼	**wie** 비 –
~처럼 보이다	**aussehen, sah aus, hat ausgesehen** 아웃스제 – 앤 자 – 아웃스　　아웃스게제 – 앤
~하고 싶다	**möchten, mochte, hat gemocht** 뫼히탠　　모흐태　　　게모흐트

한국어	독일어(발음)
~하는 동안 (2격지배 전치사)	**während** 배－렌트
~하는 한, ~에	**soweit** 조－바이트
~한 맛이 나다	**schmecken, schmeckte, hat geschmeckt** 슈멕캔　　　　슈멕크태　　　　게슈멕크트
~한 의견이다, 생각하다	**meinen, meinte, hat gemeint** 마이넨　　마인태　　게마인트
~할 수 있다	**können, konnte, hat gekonnt** 쾬낸　　　콘태　　　게콘트
~해야만 한다	**müssen, musste, hat gemusst** 뮤쌘　　　무쓰태　　　게무쓰트
~행하다	**anstellen (sich), stellte sich an, hat sich angestellt** 안슈텔랜　　(짙히)　슈텔태 짙히 안　　　짙히 안게슈텔트
TV	**TV (das)** 티－비－
TV 범죄영화	**TV-Krimi (der), die TV-Krimis** 티－비－크리미　　　　티－비－크리미스
TV프로그램	**Fernsehprogramm (das), die Fernsehprogramme** 페른제－프로그람　　　　페른제－프로그라매
T－셔츠	**T-shirt (das), die T-shirts** 티－셔－트　　　티－셔츠

한국어	독일어(발음)
W로 시작하는 의문문	W-Frage (die), die W-Fragen 베-프라-개　　　베-프라-갠
가게	Laden (der), die Läden 라-댄　　　래-댄
가격, 값	Preis (der), die Preise 프라잇스　　　프라이재
가구	Möbel (das), die Möbel 뫼-밸　　　뫼-밸
가구가 비치되어 있는	möbliert 뫼·블리어트
가구공	Schreiner (der), die Schreiner 슈라이너　　　슈라이너
가까운, 인접한, 멀지 않은	nah 나-
가끔, 이따금, 때때로	manchmal 많히마-르
가능하다, 되다, 그럭저럭 괜찮다	gehen, ging, ist gegangen 게-앤　깅　　게강앤
가능한	möglich 뫼-클맇히
가다	gehen, ging, ist gegangen 게-앤　깅　　게강앤

한국어	독일어(발음)
가라데 (단수로만 사용)	Karate (das) 카라테
가라앉은	sinkend 징켄트
가로수 길	Allee (die), die Alleen 알레 –　　　　　알레 – ㄴ
가르치다, 강의하다	unterrichten, unterrichtete, hat unterrichtet 운터리히탠　　　운터리히테태　　　운터리히테트
가방	Tasche (die), die Taschen 탓쉐　　　　　　탓쉔
가버렸다	weg sein 벡 자인
가을(단수로만 사용)	Herbst (der) 해업스트
가장 많이	am meisten 암 마이스탠
가장 좋아하는	am liebsten 암 리 – ㅂ스탠
가장 좋아하는	liebst 리 – ㅂ스트
가장 좋은	am besten 암 배스탠

한국어	독일어(발음)
가전제품	Elektrogerät (das), die Elektrogeräte 엘렉트로게래-트　　　　엘렉트로게래-태
가정살림, den Haushalt machen 살림을 맡아보다	Haushalt (der), die Haushalte 하우스할트　　　　하우스할태
가족	Familie (die), die Familien 파밀리-에　　　　파밀리-엔
가족에 호의적인	familienfreundlich 파밀리-엔 프로인틀리히
가지고 가다	mitnehmen, nahm mit, hat mitgenommen 미트네-맨　　나-ㅁ 미트　　게놈맨
가치, 값(수학)	Wert (der), die Werte 베르트　　　　베르태
각자(말한다)	jede/jeder 예-대/예-더
간명하게 표현하다	formulieren, formulierte, hat formuliert 포-물리-랜　　포-물리어테　　포-물리어트
간식(오후)	Jause (die), die Jausen 야우재　　　　야우잰
간식(오후의)	Vesper (die/das) 베스퍼
간식시간	Brotzeit (die), die Brotzeiten 브로-트차이트　　　　브로-트차이탠

한국어	독일어(발음)
간직하다, 소지하다, 지니다	**behalten, behielt, hat behalten** 배할탠　　　배히－르트　　　베할탠
간판, 표지판, 상표	**Schild (das), die Schilder** 쉴트　　　　　쉴더
갈색의	**braun** 브라운
갈아타다	**umsteigen, stieg um, ist umgestiegen** 움슈타이갠　　슈티－ㄱ 움　　움게슈티－갠
갈증	**Durst (der)** 두어스트
감사	**Dank (der)** 당크
감사하다	**danken, dankte, hat gedankt** 당캔　　　당크태　　　게당크트
감사합니다	**danke** 당캐
감자	**Erdapfel (der), die Erdäpfel** 에어트압펠　　　　에어트앱펠
감자	**Kartoffel (die), die Kartoffeln** 카－토팰　　　　카－토팰른
감자 샐러드	**Kartoffelsalat (der), die Kartoffelsalate** 카－토팰잘라－트　　　카－토팰잘라－태

한국어	독일어(발음)
값(복수로만 사용)	Kosten (Pl.) 코스탠
값이 얼마로 되다, 들다	kosten, kostete, hat gekostet 코스탠　코스테태　게코스테트
강, 하천	Fluss (der), die Flüsse 플루쓰　플뤼쌔
강의실	Kursraum (der), die Kursräume 쿠어스라움　쿠어스로이매
강좌 수강생을 대상 으로 만든 앨범	Kursalbum (das), die Kursalben 쿠어스알붐　쿠어스알밴
강한	stark 슈타르크
같이 노래하다	mitsingen, sang mit, hat mitgesungen 미트징앤　장 미트　미트게중앤
개	Hund (der), die Hunde 훈트　훈대
개별 형상	Einzelfigur (die), die Einzelfiguren 아인첼피구어　아인첼피구－랜
개선, 개량, Gute ~! 몸조리 잘 하세요 (병문안 인사)	Besserung (die) 배써룽
개인의	individuell 인디비두엘

한국어	독일어(발음)
개점(개관)시간	Öffnungszeit (die), die Öffnungszeiten 외프눙스차이트　　　　외프눙스차이탠
객사, 여관, 손님용 숙소	Gästehaus (das), die Gästehäuser 개스테하우스　　　　개스테호이저
거리	Entfernung (die), die Entfernungen 앤트페르눙　　　　앤트페르눙앤
거스름돈 (단수로만 사용)	Wechselgeld (das) 벡셀겔트
거실	Wohnzimmer (das), die Wohnzimmer 보 – ㄴ침머　　　　보 – ㄴ침머
거의	fast 파스트
거절하다	ablehnen, lehnte ab, hat abgelehnt 압레 – 낸　　레 – ㄴ태 압　　압게레 – ㄴ트
거주지	Wohnort (der), die Wohnorte 보 – ㄴ오르트　　　　보 – ㄴ오르태
거주하다	wohnen, wohnte, hat gewohnt 보 – 낸　　본 – 태　　게본 – 트
건강(단수로만사용)	Gesundheit (die) 게준트하이트
건강 문제	Gesundheitsproblem (das), die Gesundheitsprobleme 게준트하이츠프로블렘　　　　게준트하이츠프로블레 – 매

한국어	독일어(발음)
건강 상품	Wellnessangebot (das), die Wellnessangebote 웰니스안게보 – 트 　　　　　웰니스안게보 – 태
건강상담전화	Gesundheitstelefon (das), die Gesundheitstelefone 게준트하이츠텔 – 레폰 　　　게준트하이츠텔 – 레포 – 내
건강상태	Befinden (das) 배핀댄
건강한	gesund 게준트
건설 노동자	Bauarbeiter (der), die Bauarbeiter 바우아르바이터 　　　　바우아르바이터
건축(단수로만 사용)	Hausbau (der) 하우스바우
건축, 건축학, 건축	Architektur (die), die Architekturen 아 – 히텍투 – 어 　　　　아 – 히텍투 – 랜
건축가, 건축기사, 설계사	Architekt (der), die Architekten 아 – 히텍트 　　　　아 – 히텍탠
걸맞다	zusammenpassen, passte zusammen, 추잠맨파쌘 　　　　파쓰태 　추잠맨 hat zusammengepasst 추잠맨게파쓰트
걸어가	zu Fuß 추 – 푸 – 쓰

한국어	독일어(발음)
검은색의	schwarz 슈바르츠
게; 게자리	Krebs (der), die Krebse 크렙스　　　　크렙재
게임 디자이너	Game-Designer (der), die Game-Designer 게임－디자이너　　　　게임－디자이너
게임보이 (휴대용 게임기)	Gameboy (der), die Gameboys 게임보이　　　　게임보이스
겨울	Winter (der), die Winter 뷘터　　　　뷘터
겨울철 특유의 우울증	Winterdepression (die), die Winterdepressionen 뷘터데프레씨오－ㄴ　　　　뷘터데프레씨오－낸
겨자	Senf (der) 젠프
격노한, 분노한	wütend 뷰－텐트
견과(땅콩, 호두)	Nuss (die), die Nüsse 누쓰　　　　뉘쌔
결정을 알려주다	Bescheid geben, gab Bescheid, hat Bescheid gegeben 배샤이트 게－밴 갑 배샤이트　　　　배샤이트 게게－밴
결정하다	entscheiden, entschied, hat entschieden 앤트샤이댄　　　앤트쉬－트　　　앤트쉬－댄

한국어	독일어(발음)
결혼식	Hochzeit (die), die Hochzeiten 혹흐차이트　　　　　혹흐차이탠
결혼하다	heiraten, heiratete, hat geheiratet 하이라−탠　하이라−테태　　게하이라−테트
경상학사, 경상학 대학 졸업 증서	Diplomkaufmann (der), die Diplomkaufleute 디플롬카우프만　　　　　디플롬카우프로이태
경제 (단수로만 사용)	Wirtschaft (die) 비르트샤프트
경제에 관련된 지식 (복수로만 사용)	Wirtschaftskenntnisse (die) (Plural) 비르트샤프트캔트니쌔
경찰	Polizei (die) 폴리차이
경청하다, 귀를 기울이다	zuhören, hörte zu, hat zugehört 추−회−랜 회르태 추−　　　추−게회르트
계단	Treppe (die), die Treppen 트래패　　　　　트래팬
계란, 닭걀, 알	Ei (das), die Eier 아이　　　　아이어
계속 가다	weitergehen, ging weiter, ist weitergegangen 바이터게−앤　　징 바이터　　　바이터게강앤
계속하다	weiterführen, führte weiter, hat weitergeführt 바이터퓨−랜　　퓨−르태 바이터　　바이터게퓨−르트

한국어	독일어(발음)
계절	**Jahreszeit (die), die Jahreszeiten** 야-레스차이트　　　　야-레스차이탠
계획	**Plan (der), die Pläne** 플란　　　　플래-내
계획하다, 준비하다, 조직하다	**organisieren, organisierte, hat organisiert** 오-가니지-랜　오-가니지어태　오-가니지어트
고객	**Kunde (der), die Kunden** 쿤대　　　　쿤댄
고객서비스	**Kundendienst (der), die Kundendienste** 쿤댄디-ㄴ스트　　　　쿤댄디-ㄴ스태
고객전용 화장실	**Kundentoilette (die), die Kundentoiletten** 쿤덴토알레태　　　　쿤덴토알레탠
고객정보	**Gästeinformation (die), die Gästeinformationen** 개스테인포마치오-ㄴ　　　개스테인포마치오-낸
고국	**Heimatland (das), die Heimatländer** 하이마트란트　　　　하이마트랜더
고기	**Fleisch (das)** 플라이쉬
고치다, 변경하다	**ändern, änderte, hat geändert** 앤더른　　앤더르태　　게앤더르트
고풍의	**antik** 안틱

한국어	독일어(발음)
곡예를 하다	**jonglieren, jonglierte, hat jongliert** 쵸글리—랜　　쵸글리어태　　쵸글리어트
곧	**bald** 발트
곧, 바로; 같은, 동일한	**gleich** 글라이히
곧바로	**direkt** 디렉트
공손한	**höflich** 회—플리히
공식적으로	**offiziell** 오피치엘
공원	**Park (der), die Parks** 파—크　　　　파—크스
공장	**Fabrik (die), die Fabriken** 파브리—크　　　파브리—캔
공지사항(확성기, 방송을 통한), 알리는 말	**Durchsage (die), die Durchsagen** 두르히자—개　　　　두르히자—갠
공항	**Flughafen (der), die Flughäfen** 플룩하—팬　　　　플룩해—팬
공휴일, 경축일	**Feiertag (der), die Feiertage** 파이어탁—　　　　파이어타—개

한국어	독일어(발음)
과	**Lektion (die), die Lektionen** 렉치오 - ㄴ　　　　　렉치오 - 낸
과거	**Präteritum (das), die Präterita** 프래테 - 리툼　　　　프래테 - 리타
과부의	**verwitwet** 페어비트베트
과일	**Obst (das)** 오 - ㅂ스트
과정	**Kurs (der), die Kurse** 쿠어스　　　　쿠르재
관광정보	**Touristeninformation (die), die Touristeninformationen** 투 - 리스텐인포마치오 - ㄴ　　　투 - 리스텐인포마치오 - 낸
관람하다	**besichtigen, besichtigte, hat besichtigt** 배짙히티 - 갠　　배짙히틱태　　배짙히티히트
관련 사항 (단수로만사용)	**Betreff (der)** 배트레프
관사	**Artikel (der), die Artikel** 아 - 티 - 켈　　　아 - 티 - 켈
관심을 가지다	**interessieren (sich), interessierte sich,** 인터레씨 - 랜(짙히)　　　인터레씨어태 짙히 **hat sich interessiert** 짙히 인터레씨어트

한국어	독일어(발음)
관용구, 숙어	Redewendung (die), die Redewendungen 레-대벤둥　　　　　　　레-대벤둥앤
광고	Anzeige (die), die Anzeigen 안차이개　　　　　　　안차이갠
광선치료	Lichttherapie (die), die Lichttherapien 리히트테라피-　　　　　리히트테라피-앤
광장	Platz (der), die Plätze 플랏츠　　　　　플랫체
괴물, 요물	Monster (das), die Monster 몬스터　　　　　몬스터
괴물놀이	Monsterspiel (das), die Monsterspiele 몬스터슈피-ㄹ　　　　　몬스터슈피-ㄹ래
교육, 교양 (단수로만 사용)	Bildung (die) 빌둥
교육, 양성, 훈련	Ausbildung (die), die Ausbildungen 아우스빌둥　　　　　아우스빌둥앤
교육학 (단수로만 사용)	Pädagogik (die) 패다고-긱
교제 광고	Kontaktanzeige (die), die Kontaktanzeigen 콘탁트안차이개　　　　　콘탁트안차이갠
교차	Kreuzung (die), die Kreuzungen 크로이충　　　　　크로이충앤

한국어	독일어(발음)
교통 신호등	**Ampel (die), die Ampeln** 암펠　　　　　　암펠른
교통수단	**Verkehrsmittel (das)** 페어케어스미텔
교통표지판	**Verkehrsschild (das), die Verkehrsschilder** 페어케어스쉴트　　　　　페어케어스쉴더
교회	**Kirche (die), die Kirchen** 키릇해　　　　　키릇핸
구내식당(대학의)	**Mensa (die), die Mensen** 멘자　　　　　멘잰
구두장이, 제화공	**Schuhmacher (der), die Schuhmacher** 슈-막허　　　　　슈-막허
구름이 낀, 흐린	**bewölkt** 배뵐크트
구운 소세지	**Bratwurst (die), die Bratwürste** 브라-트부어스트　　　　브라-트뷰어스태
구월(단수로만 사용)	**September (der)** 젭템버
구입	**Einkauf (der), die Einkäufe** 아인카우프　　　　아인코이패
구입하다	**einkaufen, kaufte ein, hat eingekauft** 아인카우팬　카우프태 아인　아인게카우프트

한국어	독일어(발음)
구하다(정보를)	einholen, holte ein, hat eingeholt 아인호-ㄹ랜 홀테 아인　　아인게홀트
국제적인	international 인터나치오날
권투하다	boxen, boxte, hat geboxt 복샌　　복스태　　게복스트
귀	Ohr (das), die Ohren 오-어　　오-랜
귀퉁이, 모퉁이, 구석	Ecke (die), die Ecken 액캐　　액캔
규칙	Regel (die), die Regeln 레-겔　　레-겔른
그(남자)	er 에어
그 (정관사: 여성단수)	die 디-
그 곁에, 그것과	daneben 다-네-밴
그 대신에, 그 목적을 위해	dafür 다퓨어
그 때까지	dahin, bis dahin 다-힌　빗스 다-힌

한국어	독일어(발음)
그 때문에, 그렇기 때문에	deshalb 데스할프
그 밖의 것	das Sonstige 다스 존스티–개
그 외에	sonst 존스트
그 후에	danach 다–낙흐
그것에	dran 드란
그것은(을)	es 앳스
그곳으로	dahin 다–힌
그녀가	sie 지–
그녀의	ihr, ihre 이어 이어래
그들이	sie 지–
그래서?	na und? 나– 운트?

한국어	독일어(발음)
그래픽	**Grafik (die), die Grafiken** 그라-픽 그라-픽캔
그램	**Gramm (das)** 그람
그러니까	**also** 알조
그러한	**solche** 졸해
그럭저럭 지내요	**es geht** 앳스 게-트
그렇게	**so** 조-
그렇게 많이	**so viel** 조 피-르
그룹(단체)세미나	**Gruppenseminar (das), die Gruppenseminare** 그루팬제미나- 그루펜제미나-래
그룹(동아리)	**Gruppe (die), die Gruppen** 그루패 그루팬
그룹 작업	**Gruppenarbeit (die), die Gruppenarbeiten** 그루팬아르바이트 그루팬아르바이탠
그를	**ihn** 이-ㄴ

한국어	독일어(발음)
그리고	und 운트
그리스	Griechenland 그리 – 핸란트
그리스도	Christ (der), die Christen 크리스트　　　　　크리스탠
그리스어	Griechisch 그리 – 히쉬
그릴파티	Grillfest (das), die Grillfeste 그릴페스트　　　　　그릴페스태
그릴하다	grillen, grillte, hat gegrillt 그릴랜　　그릴태　　게그릴트
그림	Bild (das), die Bilder 빌트　　　　　빌더
그림, 제도, 표시	Zeichnung (die), die Zeichnungen 차이히눙　　　　　차이히눙앤
그의, 그것의	sein/seine 자인/자이네
극미한	minimalistisch 미니말리스티쉬
극소의, 최소의	minimal 미니마 – ㄹ

한국어	독일어(발음)
극장(연극을 올리는)	Theater (das), die Theater 테아-터　　　　　테아-터
근처에, ~바로	in der Nähe 인 데어 내-애
근처에, 모퉁이에, ~바로 곁에서	um die Ecke 움 디 액캐
글쎄	na ja 나- 야-
금요일	Freitag (der), die Freitage 프라이타-ㅋ　　　　프라이타-개
금요일 오후	Freitagnachmittag (der), die Freitagnachmittage 프라이탁낙흐미타-ㅋ　　　　프라이탁낙흐미타-개
금의, 금으로 된	golden 골댄
금지된	verboten 페어보-탠
급송 택배(원)	Kurier (der), die Kuriere 쿠리-어　　　쿠리-에래
급한, 신속한	es eilig haben, hatte es eilig, hat es eilig gehabt 앳스 아일맃히 하벤 하테 앳스 아일맃히 하트 앳스 아일맃히 게합트
긍정적인	positiv 포지티-프

한국어	독일어(발음)
기간, 지속 (단수로만 사용)	Dauer (die) 다우어
기꺼이	gern(e) 게른 (게르네)
기념축제	Feier (die), die Feiern 파이어　　　　　파이어른
기다리다	erwarten, erwartete, hat erwartet 어어바르탠　애어바르테태　　애어바르테트
기다리다	warten, wartete, hat gewartet 바르탠　　바르테태　　　게바르테트
기름, 휘발유	Öl (das), die Öle 외－ㄹ　　　　　외－ㄹ래
기뻐하다	freuen (sich), freute sich, hat sich gefreut 프로이앤 죌히　　프로이태 죌히　　　죌히 게프로이트
기술자	Techniker (der), die Techniker 텤히니커　　　　　　텤히니커
기술적인	technisch 테히니쉬
기이한, 진기한	seltsam 젤트잠
기일 약속, 날짜 약속, 예약	Terminvereinbarung (die), die Terminvereinbarungen 테어미－ㄴ페어아인바룽　　　　테어미－ㄴ페어아인바룽앤

한국어	독일어(발음)
기입하다	eintragen (sich), trug sich ein, hat sich eingetragen 아인트라-갠(짙히) 트룩 짙히 아인　　짙히아인게트라-갠
기자, 언론인	Journalist (der), die Journalisten 조-날리스트　　　　조-날리스탠
기차	Zug (der), die Züge 추-ㅋ　　　취-개
기침하다	husten, hustete, hat gehustet 후스탠　후스테태　게후스테트
기타	Gitarre (die), die Gitarren 기타-래　　　기타-랜
기혼의	verheiratet 페어하이라테트
긴	lang(e) 랑
긴장 해소	Entspannung (die), die Entspannungen 앤트슈판눙　　　　앤트슈판눙앤
길 찾기 묘사	Wegbeschreibung (die), die Wegbeschreibungen 베-ㅋ배슈라이붕　　　　베-ㅋ배슈라이붕앤
길, 거리	Straße (die), die Straßen 슈트라-쌔　　　슈트라-쌘
길, 도로	Weg (der), die Wege 베-ㅋ　　　베-개

한국어	독일어(발음)
깨어나다, 눈뜨다	aufwachen, wachte auf, ist aufgewacht 아웃프박핸　　　박흐태 아웃프　　　아웃프게박흐트
껍질을 벗기다	schälen, schälte, hat geschält 섈랜　　　섈태　　　게섈트
꽃	Blume (die), die Blumen 블루－매　　　블루－맨
꿈	Traum (der), die Träume 트라움　　　트로이매
꿈꾸다, 꿈에서	träumen, träumte, hat geträumt 트로이맨　　트로임태　　　게트로임트
끄다	ausmachen, machte aus, hat ausgemacht 아웃스막핸　　　막흐태 아웃스　　　아웃스게막흐트
끝	Ende (das), die Enden 앤대　　　앤댄
끝	Schluss (der), die Schlüsse 슐루쓰　　　슐뤼쌔
끝나다	enden, endete, hat geendet 앤댄　　앤대태　　　게앤대트
끝내주네!	Ui! 우이!
끼워 넣다, 꽂아넣다	hineinstecken, steckte hinein, hat hineingesteckt 힌아인슈텍캔　　　슈텍태 힌아인　　　힌아인게슈텍트

한국어	독일어(발음)
나가다, 외출하다	ausgehen, ging aus, ist ausgegangen 아웃스게-엔 깅 아웃스　　아웃스게강앤
나는	ich 이히
나라	Land (das), die Länder 란트　　　　　랜더
나를(ich의 4격)	mich 밓히
나무	Baum (der), die Bäume 바움　　　　　보이매
나쁜	schlecht 슐레히트
나쁜 날씨 (단수로만 사용)	Mistwetter (das) 미스트베터
나쁜, 성난	böse 뵈-재
나에게	mir 미어
나의 (ich의 소유대명사)	mein/e 마인/마이네
나이, 연령, 노년	Alter (das) 알터

한국어	독일어(발음)
나중에 만나!	bis später 빗스 슈패터
낙천주의 (단수로만사용)	Optimismus (der) 옵티미스무스
난방장치	Heizung (die), die Heizungen 하이충　　　　　　하이충앤
날기	Flug (der), die Flüge 플룩　　　　　플뤼－개
날다	fliegen, flog, ist geflogen 플리－갠　플록　　게플로－갠
날씨 (단수로만 사용)	Wetter (das) 베터
날씨예보, 일기예보	Wetterbericht (der), die Wetterberichte 베터배리히트　　　　　　베터배리히태
날짜	Datum (das), die Daten 다－툼　　　　　다－탠
남부 독일	Süddeutschland 쥐－트도이칠란트
남서쪽 (단수로만 사용)	Südwesten (der) 쥐－트베스탠
남성 정관사 일(1)격	der 데어

한국어	독일어(발음)
남성의	maskulin 마스쿨린
남자	Mann (der), die Männer 만　　　　　　　매너
남자에 대한 호칭	Herr (der), die Herren 해어　　　　　　해랜
남자형제	Bruder (der), die Brüder 브루-더　　　　　브뤼-더
남쪽 (단수로만 사용)	Süden (der) 쥐-댄
남쪽 첨탑	Südturm (der), die Südtürme 쥐-트투움　　　　　쥐-트튀르매
남쪽의	südlich 쥐-틀리히
남편	Ehemann (der), die Ehemänner 에-애만　　　　　에-애매너
낭독하다	vorlesen, las vor, hat vorgelesen 포-어레-잰 라스 포-어　포-어겔레-잰
낮	Tag (der), die Tage 타-ㅋ　　　　타-개
낮 휴식 시간	Mittagspause (die), die Mittagspausen 미탁스파우재　　　　　미탁스파우잰

한국어	독일어(발음)
낯선	fremd 프렘트
낯선 남자 / 낯선 여자	Fremde (der/die), die Fremden 프렘대　　　　　　　프렘댄
내리다, 하차하다	aussteigen, stieg aus, ist ausgestiegen 아웃스슈타이갠 슈티－ㄱ 아웃스 아웃스게슈티－갠
내일	morgen 모르갠
냄새가 나다	riechen, roch, hat gerochen 리－핸　　록흐　　게롱핸
냉장고	Kühlschrank (der), die Kühlschränke 퀴－ㄹ슈랑크　　　　　퀴－ㄹ슈랭캐
너	du 두－
너무 뚱뚱한	zu dick 추－ 딕
너에게	dir 디－어
너의	dein/e 다인 다이네
너희들은	ihr 이－어

한국어	독일어(발음)
너희들의. Ihr의 소유대명사	euer/eure 오이어/오이레
넓은	breit 브라이트
넥타이	Krawatte (die), die Krawatten 크라 – 바태　　　　　크라 – 바태
노동자, 근로자	Arbeiter (der), die Arbeiter 아르바이터　　　　　아르바이터
노란색의	gelb 겔프
노래	Lied (das), die Lieder 리 – 트　　　　　리 – 더
노래하다	singen, sang, hat gesungen 징앤　　　장　　　게중앤
녹색의	grün 그륀 –
놀라운, 경이로운	wunderbar 분더바 –
놀란 상태	überrascht 위버라쉬트
놀람, 놀라게 함, 뜻밖의 사건	Überraschung (die), die Überraschungen 위버랏슝　　　　　위버랏슝앤

한국어	독일어(발음)
놀이	Spiel (das), die Spiele 슈피－르 　　　　　 슈피－르래
놀이하다, 시합하다, 연기하다	spielen, spielte, hat gespielt 슈필랜　　 슈필태　　　 게슈필트
높은	hoch 혹흐
높이	Höhe (die), die Höhen 회－애　　　　　 회－앤
누구(who)	wer? 베－어
누구에게	wem? 벰
누워있다, 놓여있다	liegen, lag, hat gelegen 리－갠　 락　　　 겔레－갠
눈(目)	Auge (das), die Augen 아우개　　　　　 아우갠
눈이오다	schneien, schneite, hat geschneit 슈나이엔　　 슈나이태　　　 게슈나이트
뉴스	Nachricht (die), die Nachrichten 낙흐리히트　　　　　 낙흐리히탠
뉴스(복수로만 사용)	Nachrichten (die) (Pl.) 낙흐리히탠

한국어	독일어(발음)
뉴스레터	Newsletter (der), die Newsletter 뉴스레터　　　　　뉴스레터
느끼다	fühlen (sich), fühlte sich, hat sich gefühlt 퓌－ㄹ랜 (찔히)　퓌－ㄹ태 찔히　　찔히 게퓌－ㄹ트
늙은, 낡은, 오랜된	alt 알트
능력	Fähigkeit (die), die Fähigkeiten 패－이히카이트　　　패－이히카이탠
능력	Können (das) 쾬낸
늦은	spät 슈패－트
니콜라우스 모자	Nikolausmütze (die), die Nikolausmützen 니콜라우스뮤체　　　　니콜라우스뮤챈
니콜라우스 물건들	Nikolaus-Sachen (die) 니콜라우스－작핸
니콜라우스 수염	Nikolausbart (der), die Nikolausbärte 니콜라우스바르트　　　니콜라우스배르태
니콜라우스 외투	Nikolausmantel (der), die Nikolausmäntel 니콜라우스만텔　　　　니콜라우스맨텔
니콜라우스 중개프로덕션	Nikolaus-Agentur (die), die Nikolaus-Agenturen 니콜라우스－아겐투－어　　니콜라우스－아겐투－랜

한국어	독일어(발음)
니콜라우스, 산타 클로스 차림의 사람	Nikolaus (der), die Nikoläuse 니콜라우스　　　　니콜로이재
다락층	Dachgeschoss (das), die Dachgeschosse 닥흐게숏스　　　　닥흐게숏새
다르게	anders 안더스
다른 사람들	andere 안더래
다리, 정강이	Bein (das), die Beine 바인　　　　바이내
다시	wieder 비 – 더
다시 한번	noch einmal 녹흐 아인마 – ㄹ
다시 한번 더	noch mal 녹흐 마알
다음의	folgende 폴겐대
다중 침대방	Mehrbettzimmer (das), die Mehrbettzimmer 메 – 어배트침머　　　　메 – 어배트침머
다행히도	zum Glück 춤 글뤽

한국어	독일어(발음)
단독의	einzeln 아인첼른
단수(문법)	Singular (der), die Singulare 징굴라 　　　　징굴라 – 래
단어	Wort (das), die Wörter 보르트 　　　　뵈르터
단지, 다만, …뿐, 오직	nur 누어
단지, 단순한, 간단한, 아주	einfach 아인팡흐
닫다, 닫는다	zumachen, machte zu, hat zugemacht 추막핸 　　　막흐태 추 – 　　　추 – 게막흐트
닫힌(문), 폐쇄적인	geschlossen 게슐롯샌
달	Monat (der), die Monate 모 – 나트 　　　　모 – 나테
달력	Kalender (der) 칼렌더
달리다	laufen, lief, ist gelaufen 라우팬 리 – 프 　　　겔라우팬
닭고기	Hähnchen (das), die Hähnchen 핸핸 　　　　　핸핸

한국어	독일어(발음)
담배	Zigarette (die), die Zigaretten 치가레태　　　　　　치가레탠
담배를 피다	rauchen, rauchte, hat geraucht 라욱핸　　라욱흐태　　게라욱흐트
답신 (회신)통화, 응답통화	Rückruf, die Rückrufe 륔루-프　　　　　륔루-패
당신에게 (Sie의 3격)	Ihnen 이-낸
당신은(존칭)	Sie 지-
당신의 (Sie의 소유대명사)	Ihr / Ihre 이-어/이어래
대개	meist 마이스트
대단히 감사합니다	vielen Dank 피-ㄹ랜 당크
대답	Antwort (die), die Antworten 안트보르트　　　　안트보르탠
대답하다	antworten, antwortete, hat geantwortet 안트보르탠　　안트보르태　　게안트보르테트
대답하다	beantworten, beantwortete, hat beantwortet 베안트보르탠　　베안트보르테태　　베안트보르테트

한국어	독일어(발음)
대량 구입	**Großeinkauf (der), die Großeinkäufe** 그로-쓰아인카우프　　　그로-쓰아인코이패
대명사	**Pronomen (das), die Pronomen** 프로노-맨　　　프로노-맨
대성당	**Dom (der), die Dome** 도옴　　　도-메
대성당 관람 안내	**Domführung (die), die Domführungen** 도움퓨-룽　　　도움퓨-룽앤
대장장이	**Schmied (der), die Schmiede** 슈미-트　　　슈미-대
대접, 사발	**Schüssel (die), die Schüsseln** 쉬쎌　　　쉬쎌른
대조, 대비, 명암	**Kontrast (der), die Kontraste** 콘트라스트　　　콘트라스태
대체로, 대개, 일반적으로	**überhaupt** 위-버하우프트
대학교	**Universität (die), die Universitäten** 우니버지태-트　　　우니버지태-탠
대학생(남자)	**Student (der), die Studenten** 슈투덴트　　　슈투덴탠
대학에 다니다, 대학에서 배우다	**studieren, studierte, hat studiert** 슈투디-랜　슈튜디어태　슈투디어트

한국어	독일어(발음)
대화	Gespräch (das), die Gespräche 게슈프랿히　　　　　게슈프랿해
댄스 교습소	Tanzschule (die), die Tanzschulen 탄츠슐－래　　　　　탄츠슐－랜
더 많이	mehr 메－어
더 자주	öfter 외프터
더러운, 추잡한	schmutzig 슈뭍칠히
더운	heiß 하이쓰
데리러가다 (누구를)	abholen, holte ab, hat abgeholt 압홀－랜　　홀테 압　　　　압게홀트
도구, 기기	Gerät (das), die Geräte 게래－트　　　　　게래－태
도달하다	erreichen, erreichte, hat erreicht 애어라이핸　　애어라이히트　　　애어라이히트
도대체, 그러면, (뜻 없이 친절한 뉘앙스)	denn 덴
도로교통 (단수로만 사용)	Straßenverkehr (der) 슈트라－쌘페어케어

한국어	독일어(발음)
도보로 여행하다	wandern, wanderte, ist gewandert 봔더른　　봔더르태　　게봔더르트
도시	Stadt (die), die Städte 슈탙트　　슈탵태
도시, 도심, 시내	City (die), die Citys 씨티　　씨티스
도움	Hilfe (die), die Hilfen 힐패　　힐팬
도중에, 여행 중에	unterwegs 운터베－ㄱ스
도착	Ankunft (die), die Ankünfte 안쿤프트　　안퀸프트
도착	Anreise (die), die Anreisen 안라이재　　안라이잰
도착하다	ankommen, kam an, ist angekommen 안콤맨　　캄 안　　안게콤맨
도처에	rundherum 룬트헤룸
도처에	überall 위－버랄
도축업자, 정육점	Metzger (der), die Metzger 멭츠거　　멭츠거

한국어	독일어(발음)
독어독문학 (단수로만 사용)	Germanistik (die) 게르마니스틱
독일	Deutschland 도이취란트
독일어	Deutsch 도이취
독일어 수료증서	Deutsch-Zertifikat (das), die Deutsch-Zertifikate 도이취-체르티피카트 도이취-체르티피카태
독일어 코스	Deutschkurs (der), die Deutschkurse 도이취쿠어스 도이취쿠르재
독일어권의	deutschsprachig 도이취슈프랗히히
독일어로	auf Deutsch 아우프 도이취
독일어책	Deutschbuch (das), die Deutschbücher 도이취북흐 도이취뷩혀
독일연방 철도청 (약칭)	Deutsche Bahn (DB) (die) 도이췌 바-ㄴ (데베)
독일인	Deutsche (der/die), die Deutschen 도이췌 도이췐
독일제국의회 건물 (단수로만 사용)	Reichstagsgebäude (das) 라이히스타-ㄱ스게보이데

한국어	독일어(발음)
독일제국의회 둥근 지붕(단수로만 사용)	Reichstagskuppel (die) 라이히스타 – ㄱ스쿠팰
독자	Leser (der), die Leser 레 – 저　　　　레 – 저
독특한, 특색있는	original 오리기날 –
돈	Geld (das), die Gelder 겔트　　　　겔더
돌보다, 간호하다, 보호하다	pflegen, pflegte, hat gepflegt 플레 – 갠　플렉태　　게플렉트
돌보다, 보살피다	kümmern (sich), kümmerte sich, hat sich gekümmert 짛히 큄머른　　　큄머르태 짛히　　짛히 게큄머르트
돌아오다, 귀환하다	wiederkommen, kam wieder, ist wiedergekommen 비 – 더콤맨　　캄 비 – 더　　이스트 비 – 더게콤맨
돕다	helfen, half, hat geholfen 헬팬　할프　게홀팬
동기	Anlass (der), die Anlässe 안라쓰　　　　안랫새
동료	Kollege (der), die Kollegen 콜레 – 개　　　　콜레 – 갠
동물	Tier (das), die Tiere 티 – 어　　　티 – 래

한국어	독일어(발음)
동사	Verb (das), die Verben 베릅　　　　　　　베르밴
동사의 인칭변화	Konjugation (die), die Konjugationen 콘뉴가치온　　　　　　　콘뉴가치오 – 낸
동의하다	zustimmen, stimmte zu, hat zugestimmt 추 – 슈팀맨　　슈팀태 추 –　　추 – 게슈팀트
동쪽(단수로만 사용)	Osten (der) 오스탠
동화의 성	Märchenschloss (das), die Märchenschlösser 매르헨슐로쓰　　　　　　　매르헨슐뢰써
돼지 갈비	Kasseler Rippchen (das), die Kasseler Rippchen 캇셀러 립핸　　　　　　　캇셀러 립핸
되다, 이르다	werden, wurde, ist geworden 베어댄　　부어대　　게보어댄
되돌아(올 때)	zurück 추 – 뤽
되돌아 오다	zurückkommen, kam zurück, ist zurückgekommen 추 – 뤽콤맨　　　캄 추 – 뤽　　　추 – 뤽게콤맨
되돌아가다, 후진(후퇴)하다	zurückgehen, ging zurück, ist zurückgegangen 추뤽게 – 엔　　　깅 추뤽　　　추뤽게강앤
두 사람 (쌍을 이룬), 부부	Paar (das), die Paare 파 – 르　　　파 – 래

한국어	독일어(발음)
두통(복수로만사용)	**Kopfschmerzen (die)** 콥프슈메르챈
둘	**beide** 바이대
둘다	**beides** 바이대스
둘러싸다, 에워싸다, 두르다	**umgeben (sich), umgab sich, hat sich umgeben** 움게－밴　(짖히)　움갑　짖히　　짖히　움게－밴
둥근, 원형의	**rund** 룬트
둥글고 작은 빵	**Brötchen (das), die Brötchen** 브뢰－챈　　　　브뢰－챈
뒤를 이어, 이어서, 다음에	**anschließend** 안슐리－쌘트
뒤에	**hinter** 힌터
뒤에, 뒤에서	**hinten** 힌탠
듣기 테스트	**Hörtext (der), die Hörtexte** 회어텍스트　　　회어텍스태
듣다	**hören, hörte, hat gehört** 회－랜　회르태　게회르트

한국어	독일어(발음)
들렀다 가다, 잠깐 들르다	vorbeikommen, kam vorbei, ist vorbeigekommen 포-어바이콤맨　　　캄 포-어바이　　　포-어바이게콤맨
들어오다	reinkommen, kam rein, ist reingekommen 라인콤맨　　　캄 라인　　　라인게콤맨
등	Rücken (der), die Rücken 뤽캔　　　뤽캔
등 마사지	Rückenmassage (die), die Rückenmassagen 뤽캔마싸-재　　　뤽켄마싸-잰
등 통증, 디스크 (복수로만사용)	Rückenschmerzen (die) 뤽캔슈메르챈
등급, 학급	Klasse (die), die Klassen 클랏새　　　클랏샌
디스플레이, 전시, 진열	Display (das) , die Displays 디스플레이　　　디스플레이스
따뜻한, 난방비를 포함한 집세	warm 봄
따라 말하다	nachsprechen, sprach nach, hat nachgesprochen 낙흐슈프렣핸　　　슈프랗흐 낙흐　　　낙흐게슈프룧핸
딱 들어맞는, 정확한, 틀림없는	genau 게나우
딸	Tochter (die), die Töchter 톡흐터　　　퇴히터

한국어	독일어(발음)
때문에	**wegen** 베 – 갠
또 무엇을	**noch etwas** 녹흐 애트밧스
또는	**oder** 오 – 더
똑바로, 직선방향 으로	**geradeaus** 게라데아웃스
띠, 허리띠, 벨트	**Gürtel (der)** 귀르텔
라디오	**Radio (das), die Radios** 라 – 디오　　　　라 – 디오스
라디오 방송	**Radiosendung (die), die Radiosendungen** 라 – 디오젠둥　　　　라 – 디오젠둥앤
라디오 프로그램	**Radioprogramm (das), die Radioprogramme** 라 – 디오프로그람　　　　라 – 디오프로그라매
라디오광고 (단수로만 사용)	**Radiowerbung (die)** 라 – 디오베르붕
라이브음악	**Live-Musik (die)** 라이프 – 무직
라이터	**Feuerzeug (das), die Feuerzeuge** 포이어초익　　　　포이어초이개

한국어	독일어(발음)
라인강의, 라인 지방의	rheinisch 라이니쉬
램프	Lampe (die), die Lampen 람패 　　　　　람팬
러시아어	Russisch 룻시쉬
레스토랑	Restaurant (das), die Restaurants 레스토랑 　　　　　레스토랑스
레인지, 화덕, 아궁이	Herd (der), die Herde 헤-어트 　　　　　헤-어대
레코드, 기록	Rekord (der), die Rekorde 레코르트 　　　　　레코르대
루드비히 2세	Märchenkönig (der), die Märchenkönige 매르핸쾨-니히 　　　　　메르핸쾨-니개
리터	Liter (der) 리-터
마땅히 ~해야 하다 (화법조동사)	sollen, sollte, hat gesollt 졸랜 　　졸태 　　게졸트
마법사	Magier (der), die Magier 마기어 　　　　　마기어
마사지	Massage (die), die Massagen 마싸-재 　　　　　마싸-잰

한국어	독일어(발음)
마사지 예약날짜	Massagetermin (der), die Massagetermine 마싸－제테어미－ㄴ　　　　마싸－제테어미－내
마시다	trinken, trank, hat getrunken 트링캔　　트랑크　　게트룽캔
마음대로 하기, 명령, 지시	Verfügung (die), die Verfügungen 페어퓽－궁　　　　페어퓨－궁앤
마음에 들다(누구의)	gefallen (sich), gefiel sich, hat sich gefallen 게팔랜　　(짓히)　게피－ㄹ 짓히　　짓히　게팔랜
마음대로 하다 사용하도록 되어 있다	zur Verfügung stehen, stand zur Verfügung, 추어 페어퓨－궁 슈테－앤　　　슈탄트 추어 페어퓨－궁 hat/ist zur Verfügung gestanden 추어 페어퓌－궁 게슈탄댄
마음에 듦, 기쁨, 만족	Gefallen (der), die Gefallen 게팔랜　　　　게팔랜
마지막으로	zum Schluss 춤 슐루쓰
마침내	endlich 엔틀맇히
마케팅 (단수로만 사용)	Marketing (das) 마－케팅
마케팅부(과)	Marketingabteilung (die), die Marketingabteilungen 마－케팅압타일룽　　　　마－케팅압타일룽앤

한국어	독일어(발음)
막간을 이용한 놀이, 간주, 막간극	Zwischenspiel (das), die Zwischenspiele 츠빗섄슈피-ㄹ　　츠빗섄슈피-ㄹ래
만나는 곳, 집합장소	Treffpunkt (der), die Treffpunkte 트래프풍크트　　트래프풍크태
만나다	treffen, traf, hat getroffen 트래팬　트라-프　게트로팬
만들다	machen, machte, hat gemacht 막핸　막흐태　게막흐트
만사 순조롭기를 바랍니다 (편지의 맺음말)	Alles Liebe 알랫스 리-배
만약 ~한다면	wenn 벤
만족한	zufrieden 추-프리-댄
많은	viel 피-ㄹ
많은 성과 있으시길!/ 많은 행운이 있기를!/ 아주 재미있기를!	Viel Erfolg/ Glück/ Spaß 피-ㄹ 에어폴크/글뤽/슈파-쓰
말을 타다	reiten, ritt, ist geritten 라이탠　릿트　게리탠
말하다	reden, redete, hat geredet 레-랜　레-대태　게레-대트

한국어	독일어(발음)
말하다	sagen, sagte, hat gesagt 자-갠　작태　　　게작트
말하다	sprechen, sprach, hat gesprochen 슈프렐핸　　슈프랗흐　　　게슈프롱핸
맛있게 드세요	Guten Appetit 구-탠 아페티트
맛있는	lecker 렉커
맞다, 어울리다	passen, passte, hat gepasst 팟샌　　　팟스태　　　게팟스트
맡기다	abgeben, gab ab, hat abgegeben 압게-밴　갑 안　　　압게게-밴
매니저	Geschäftsführer (der), die Geschäftsführer 게섀프츠퓨-러　　　　　　게섀프츠퓨-러
매우	sehr 제-어
매우 좋다	sehr gut 제-어 구-트
매일, 날마다	täglich 태-클리히
매점	Kiosk (der), die Kioske 키오스크　　　　키오스캐

한국어	독일어(발음)
매표소, 의료보험 조합, 저축은행	Kasse (die), die Kassen 칼새 　　　 칼샌
맥주	Bier (das), die Biere 비-어 　　　 비-래
맨처음의	erst 애어스트
머리	Kopf (der), die Köpfe 콥프 　　　 쾹패
머리카락	Haar (das), die Haare 하-아 　　　 하-래
머무르다, 있다	bleiben, blieb, ist geblieben 블라이밴 　 블리-입 　 게블리-밴
먹다	essen, aß, hat gegessen 애쌘 　 아-쓰 　 게게-쌘
먼, 아득한	weit 바이트
멋진	klasse 클랏새
멋진	phantastisch 판타스티쉬
멋진, 끝내주는, 최고의	super 주-퍼

한국어	독일어(발음)
멋진, 예쁜	schön 쇠 – ㄴ
메모용지	Notizzettel (der), die Notizzettel 노팃츠체탤　　　　　　　노팃츠체탤
면담시간	Sprechstunde (die), die Sprechstunden 슈프렣히슈툰대　　　　　　슈프렣히슈툰댄
명령형	Imperativ (der), die Imperative 임페라티 – 프　　　　　　임페라티 – 배
명명, 언급, 지명	Nennung (die), die Nennungen 넨눙　　　　　　　넨눙앤
명명하다, 말하다, ~의 이름을 붙이다	nennen, nannte, hat genannt 넨낸　　난태　　게난트
명사	Nomen (das), die Nomen 노 – 맨　　　　　노 – 맨
명소, 구경거리 -würdig ~할만한 가치가 있는	Sehenswürdigkeit (die), die Sehenswürdigkeiten 제–ㄴ스뷰르디히카이트　　　　제–ㄴ스뷰르디히카이탠
명함	Visitenkarte (die), die Visitenkarten 비지탠카르태　　　　　비지탠카르탠
몇 시 입니까?	Wie spät? 비 – 슈패 – 트
몇몇의	ein paar 아인 파 –

한국어	독일어(발음)
모델, 본보기	Modell (das), die Modelle 모델　　　　　모델래
모두	alle 알래
모든 일이 다 잘되기를!	Alles Gute! 알랫스 구－태!
모레	übermorgen 위－버모르갠
모양새가 고운, 정교한, 섬	fein 파인
목	Hals (der), die Hälse 할스　　　　　핼재
목록	Liste (die), die Listen 리스태　　　　리스탠
목요일	Donnerstag (der), die Donnerstage 돈너스타－ㄱ　　　　돈너스타－게
목요일의, 목요일마다	donnerstags 돈너스탁스
목욕하다	baden, badete, hat gebadet 바－댄　바데태　게바데트
목표, 목적지	Ziel (das), die Ziele 치－ㄹ　　　　치－ㄹ래

한국어	독일어(발음)
몰타	**Malta** 말타
못 (대가리가 없는 가는), 핀; 연필	**Stift (der), die Stifte** 슈티프트　　　　슈티프태
묘사하다	**beschreiben, beschrieb, hat beschrieben** 배슈라이밴　　배슈리−입　　배슈리−밴
무게, 중량	**Gewicht (das), die Gewichte** 게비히트　　　　게비히태
무료의	**kostenlos** 코스탠로−스
무슨 일이니?	**los sein, war los, ist los gewesen** 로−스 자인 바 로−스 이스트 로−스 게베잰
무엇(what)	**was?** 밧스
무엇에 관하여 wo+ über=worüber (r삽입) wo는 전치사 목적어	**worüber** 보뤼−버
무엇을 / 누구를 알게 되다	**kennenlernen, lernte kennen, hat kennengelernt** 캔낸레르낸　　레른태 캔낸　　캔낸겔레른트
무조건, 절대적으로	**unbedingt** 운배딩트
문	**Tür (die), die Türen** 튀−어　　　튀−랜

한국어	독일어(발음)
문방구	Schreibwaren (die) 슈라입바－랜
문방구	Schreibwarengeschäft (das), die 슈라입바－랜게섀프트 die Schreibwarengeschäfte 슈라입바－랜게섀프태
문법	Grammatik (die) 그라마틱
문서, 자료	Dokument (das), die Dokumente 도쿠멘트　　　　　　도쿠멘태
문서로, 글로 써서	schriftlich 슈리프틀맇히
문의, 조회, 질의	Anfrage (die), die Anfragen 안프라－개　　　　안프라－갠
문의하다	nachfragen, fragte nach, hat nachgefragt 낙흐프라－갠　프락태 낙흐　낙흐게프락트
문자 메시지	SMS (die), die SMS 애스엠애스　　애스엠애스
문장	Satz (der), die Sätze 잩츠　　　　잩채
문제	Problem (das), die Probleme 프로블레－ㅁ　　프로블레－매

한국어	독일어(발음)
물	Wasser (das) 봣서
물건	Ding (das), die Dinge 딩　　　　　　딩애
물구나무서기	Handstand (der), die Handstände 한트슈탄트　　　　　　한트슈탠대
물론	klar 클라-
물론이지	na klar 나- 클라-
물병자리	Wassermann (der), die Wassermänner 봣서만　　　　　　봣서매너
뭐라구요?	Wie bitte? 비- 비태?
미국	USA (die - Plural) 우에스아-(복수형)
미래의	futuristisch 푸투-리스티쉬
미리, 앞서서 (편지 글에서 쓰는 문구)	im Voraus 임 포-어라우스
미장원 예약일	Frisörtermin (der), die Frisörtermine 프리죄-어테어미-ㄴ　　　　　　프리죄-어테어미-내

한국어	독일어(발음)
미장원, 미용실, 이발사, 미용사	Friseur (der), die Friseure 프리죄 – 어　　　　프리죄 – 래
미장원, 미용실, 이발사, 미용사	Frisör (der), die Frisöre 프리죄어　　　　프리죄 – 래
미장이	Maurer (der), die Maurer 마우러　　　　마우러
미친	verrückt 페어뤽트
미터 (길이를 재는 단위)	Meter (der), die Meter 메 – 터　　　　메 – 터
미혼의	ledig 레 – 딩히
민속 축제	Volksfest (das), die Volksfeste 폴크스페스트　　　　폴크스페스태
민주주의	demokratisch 데모크라티쉬
믿을 수 없는	unglaublich 운글라우플리히
바구니	Korb (der), die Körbe 코릅　　　　쾨르배
바나나	Banane (die), die Bananen 바나 – 내　　　　바나 – 낸

한국어	독일어(발음)
바다	Meer (das), die Meere 메－어 　　　　 메－래
바라건대, 아마, 희망컨대	hoffentlich 호펜틀릫히
바람	Wind (der), die Winde 빈트 　　　　 빈대
바람 부는	windig 빈딯히
바로 다음에	nächste 낵스태
바로, 지금 막; 똑바로	gerade 게라－데
바이에른 지방의	bayerisch 바이에리쉬
바이올린	Geige (die), die Geigen 가이개 　　　　 가이갠
바지	Hose (die), die Hosen 호－재 　　　　 호－잰
바퀴, 자전거(약칭)	Rad (das), die Räder 라－트 　　　　 래－더
박물관	Museum (das), die Museen 무제－움 　　　　 무제－앤

한국어	독일어(발음)
박사	Doktor (der), die Doktoren 독토어　　　　　　독토 – 랜
밖에서	draußen 드라우쌘
반갑습니다	freut mich 프로이트 밀히
반대하다	widersprechen, widersprach, hat widersprochen 비더슈프렣핸　　　비더슈프랗흐　　　비더슈프룧핸
받다, 얻다	bekommen, bekam, hat bekommen 배콤맨　　　　배캄　　　　배콤맨
받아쓰게하다	diktieren, diktierte, hat diktiert 딕티 – 랜　　딕티어태　　　딕티어트
받아쓰기	Diktat (das), die Diktate 딕타 – 트　　　　딕타 – 태
받아쓰다	mitschreiben, schrieb mit, hat mitgeschrieben 미트슈라이밴　　슈리 – ㅂ 미트　　미트게슈리 – 밴
발	Fuß (der), die Füße 푸 – 쓰　　　　뛰 – 쌔
발견하다	finden, fand, hat gefunden 핀댄　　판트　　　게푼댄
발미용	Fußpflege (die) 푸 – 쓰플레 – 개

한국어	독일어(발음)
발생하다	passieren, passierte, ist passiert 파씨-랜 파씨어태 파씨어트
발송인	Absender (der), die Absender 압젠더 압젠더
발음	Aussprache (die), die Aussprachen 아웃스슈프랗해 아웃스슈프랗핸
발코니	Balkon (der), die Balkone 발콩 발코-내
밤	Nacht (die), die Nächte 낙흐트 냏히태
방	Zimmer (das), die Zimmer 침머 침머
방문	Besuch (der), die Besuche 배주-ㄱ흐 배주-ㄱ해
방문객	Besucher (der), die Besucher 배주-ㄱ허 배주-ㄱ허
방문하다	besuchen, besuchte, hat besucht 배주-ㄱ헌 배주-ㄱ흐태 배주-ㄱ흐트
방송, 프로그램	Sendung (die), die Sendungen 젠둥 젠둥앤
방향설정, 방향감각	Orientierung (die), die Orientierungen 오리엔티에룽 오리엔티에룽앤

한국어	독일어(발음)
배	**Birne (die), die Birnen** 비어내 비어낸
배	**Schiff (das), die Schiffe** 쉬프 쉬패
배, 복부	**Bauch (der), die Bäuche** 바욱흐 보잉해
배고픔	**Hunger (der)** 훙어
배낭	**Rucksack (der), die Rucksäcke** 룩작 룩재캐
배달하다	**liefern, lieferte, hat geliefert** 리-퍼른 리-퍼르태 겔리-퍼르트
배우다	**lernen, lernte, hat gelernt** 레르낸 레른태 겔레른트
백화점	**Kaufhaus (das), die Kaufhäuser** 카우프하우스 카우프호이저
밴드(음악)	**Band (die), die Bands** 밴드 밴즈
뱃놀이	**Bootsfahrt (die), die Bootsfahrten** 보-츠파-르트 보-츠파-르탠
버스	**Bus (der), die Busse** 붓스 붓새

한국어	독일어(발음)
버스 정거장	Bushaltestelle (die), die Bushaltestellen 붓스할테슈텔래 　　　　　 붓스할테슈텔랜
버터	Butter (die) 부터
번지	Hausnummer (die), die Hausnummern 하우스눔머 　　　　　 하우스눔머른
벽	Wand (die), die Wände 반트 　　　　　 밴대
변종, 변이, 변형	Variante (die), die Varianten 바리안태 　　　　　 바리안탠
변화시키다, 변형시키다	variieren, variierte, hat variiert 바리이－랜　　바리이－어태　　바리이－어트
별로 좋지 않은	nicht so gut 니힡트 조－ 구－ㅌ
별자리	Sternzeichen (das), die Sternzeichen 슈테른차잍핸 　　　　　 슈테른차잍핸
별장(휴가를 보낼)	Ferienwohnung (die), die Ferienwohnungen 페리엔보－눙 　　　　　 페리엔보－눙앤
병	Flasche (die), die Flaschen 플랏섀 　　　　　 플랏섄
병, 질병	Krankheit (die), die Krankheiten 크랑크하이트 　　　　　 크랑크하이탠

한국어	독일어(발음)
보내다	schicken, schickte, hat geschickt 쉬캔 　 쉬크태 　 게쉬크트
보내다, 파견하다	verschicken, verschickte, hat verschickt 페어쉬캔 　 페어쉬크태 　 페어쉬크트
보다	schauen, schaute, hat geschaut 샤우앤 　 샤우태 　 게샤우트
보다	sehen, sah, hat gesehen 제-ㄴ 　 자- 　 게제-앤
보여주다, 알리다, 가리키다	zeigen, zeigte, hat gezeigt 차이갠 　 차익태 　 게차익트
보증금	Kaution (die), die Kautionen 카우치오-ㄴ 　 카우치오-낸
보충하다	ergänzen, ergänzte, hat ergänzt 애어갠챈 　 애어갠츠태 　 애어갠츠트
보트	Boot (das), die Boote 보-트 　 보-태
보편적인	generell 게네랠
보험	Versicherung (die), die Versicherungen 페어짓혀룽 　 페어짓혀룽앤
복도	Flur (der), die Flure 플루어 　 플루-래

한국어	독일어(발음)
복된 새해!	**Gutes Neues Jahr!** 구-태스 노이앳스 야-!
복수(문법)	**Plural (der), die Plurale** 플루-랄　　　　플루-랄래
복통(복수로만사용)	**Bauchschmerzen (die)** 바욱흐슈메르챈
볼펜	**Kugelschreiber (der), die Kugelschreiber** 쿠겔슈라이버　　　　쿠겔슈라이버
봄(단수로만 사용)	**Frühling (der)** 프뤼-ㄹ링
봉지, 포장	**Packung (die), die Packungen** 파쿵　　　　파쿵앤
부대비용 (전기세, 수도세 등)	**Nebenkosten (die - Plural)** 네-벤코스텐(복수형)
부동산	**Immobilie (die), die Immobilien** 임모빌리-에　　　　임모빌리-엔
부동산 거래를 위한 광고	**Wohnungsanzeige (die), die Wohnungsanzeigen** 보-눙스안차이개　　　　보-눙스안차이갠
부동산 임대시장	**Mietmarkt (der), die Mietmärkte** 미-트마르크트　　　　미-트매르크태
부드러운, 유연한	**weich** 바잉히

한국어	독일어(발음)
부모 (복수형으로만 쓰임)	Eltern (die) (nur Plural) 앨턴
부분, 전체의 일부	Teil (der), die Teile 타일　　　　　　타일래
부분, 조각, 파편	Stück (das), die Stücke 슈튁　　　　　　슈튁캐
부서	Abteilung (die), die Abteilungen 압타일룽　　　　　　압타일룽앤
부속시키다	zuordnen, ordnete zu, hat zugeordnet 추-오르드낸　오르드네태 추-　　추-게오르드네트
부업, 아르바이트; 직업	Job (der), die Jobs 좁　　　　　　좁스
부엌	Küche (die), die Küchen 퀴해　　　　　　퀴핸
부은, 부어 오른	dick 딕
부정관사	ein/e 아인/아이내
부정관사	Negativartikel (der), die Negativartikel 네가티프아-티캘　　　　　네가티프아-티캘
부정사	Negation (die), die Negationen 네가치오-ㄴ　　　　　네가치오-낸

한국어	독일어(발음)
부정의	indefinit 인데피니어트
부정적인	negativ 네가티－프
부탁, 청원, 당부	Bitte (die), die Bitten 빗태　　　　　　빗탠
부탁하다	bitten, bat, hat gebeten 빗탠　　바트　　게베－탠
부활절	Ostern (das) 오스턴
북부 독일	Norddeutschland 노르트도이취란트
북부 독일의	norddeutsch 노르트도이취
북쪽(단수로만 사용)	Norden (der) 노르댄
북쪽의	nördlich 뇌르틀맇히
북해(독일 북서쪽의 바다) (단수로만 사용)	Nordsee (die) 노르트제－
분(시간 단위)	Minute (die), die Minuten 미누－태　　　　미누－탠

한국어	독일어(발음)
분류하다, 목차를 작성하다	gliedern, gliederte, hat gegliedert 글리-더른　글리-데르태　　게글리데르트
분리할 수 있는	trennbar 트랜바-
분실물 보관소	Fundbüro (das), die Fundbüros 푼트뷰로-　　　　　　　푼트뷰로-스
분위기	Atmosphäre (die), die Atmosphären 아트모스패-래　　　　아트모스패-랜
분장사	Maskenbildnerin (die), die Maskenbildnerinnen 마스캔빌트너린　　　　마스캔빌트너린낸
불	Feuer (das), die Feuer 포이어　　　　　포이어
불가능한	unmöglich 운뫼-클리히
불가리아	Bulgarien 불가-리엔
불만	Missfallen (das) 미쓰팔랜
불쌍한 남자 / 여자. 형용사 arm의 명사화	Arme (der/die), die Armen 아르맨　　　　　아르맨
불친절한	unfreundlich 운프로인틀링히

한국어	독일어(발음)
붙이다	heften, heftete, hat geheftet 헤프탠　헤프테태　게헤프테트
블라우스	Bluse (die), die Blusen 블루-재　블루-잰
비(단수로만 사용)	Regen (der) 레-갠
비가오다	regnen, regnete, hat geregnet 레그낸　레그네태　게레그네트
비교급	Komparation (die), die Komparationen 콤파라치오-ㄴ　콤파라치오-낸
비교하다	vergleichen, verglich, hat verglichen 페어글라이핸　페어글리히　페어글리핸
비디오	Video (das), die Videos 비-데오　비-데오스
비상, 비상시	Notfall (der), die Notfälle 노-트팔　노-트팰래
비싼	teuer 토이어
비엔나 소시지	Wiener Würstchen (das), die Wiener Würstchen 비-너 뷰르스챈　뷔-너 뷰르스챈
비옷(단수로만 사용)	Regenkleidung (die) 레-갠클라이둥

한국어	독일어(발음)
비즈니스를 위한 어학코스	Business-Sprachkurs (der), 비즈니스-슈프라흐쿠어스 die Business-Sprachkurse 비즈니스-슈프라흐쿠르재
비행기	Flugzeug (das), die Flugzeuge 플룩초익 플룩초이개
비행기의 여자 승무원	Flugbegleiterin (die), die Flugbegleiterinnen 플룩베글라이터린 플룩베글라이터린낸
빌려주다, 임대하다	vermieten, vermietete, hat vermietet 페어미-탠 페어미-테태 페어미-테트
빌리다	leihen, lieh, hat geliehen 라이앤 리- 겔리-앤
빌리다	mieten, mietete, hat gemietet 미-탠 미-테태 게미-테트
빌어먹을 (욕을 할 때), 쓸데없는 것, 잡동사니	Mist (der) 밋스트
빛, 밝기, 밝음	Licht (das), die Lichter 릥히트 릥히터
빛나다	scheinen, schien, hat geschienen 샤이낸 쉬-ㄴ 게쉬-낸
빨간색의	rot 로-트

한국어	독일어(발음)
빨리	schnell 슈낼
빵	Brot (das), die Brote 브로-트　　　　　브로-태
빵을 굽다	backen, buk, hat gebacken 박캔　　　북　　　게박캔
빵집	Bäckerei (die), die Bäckereien 백커라이　　　　　백커라이앤
사(4)격	Akkusativ (der), die Akkusative 악쿠-자티-프　　　　　악쿠-자티-배
사건	Ding (das), die Dinge 딩　　　　　딩애
사과	Apfel (der), die Äpfel 압팰　　　　　앱팰
사과	Entschuldigung (die), die Entschuldigungen 엔트슐-디궁　　　　　엔트슐-딩궁앤
사과 주스	Apfelsaft (der), die Apfelsäfte 압펠자프트　　　　　압펠자프테
사과 케익	Apfelkuchen (der), die Apfelkuchen 압펠쿠헌　　　　　압펠쿠헌
사과식초	Apfelessig (der) 압펠에씨히

한국어	독일어(발음)
사내 애, 소년	Junge (der), die Jungen 융애 융앤
사다	kaufen, kaufte, hat gekauft 카우팬 카우프태 게카우프트
사람	Mensch (der), die Menschen 멘쉬 멘쉔
사람	Person (die), die Personen 페르조-ㄴ 페르조-낸
사람들 (복수로만 사용)	Leute (die - Plural) 로이태
사람들이 (단수 형태로만 쓰임)	man 만
사랑하는	liebe / lieber... 리-배/리-버
사랑하는, 사랑스러운	lieb 리-ㅂ
사무실	Büro (das), die Büros 뷰로- 뷰로-스
사수 (射手) 자리, 포수, 궁수, 사냥군	Schütze (der), die Schützen 슈채 슈챈
사용 설명서	Gebrauchsanweisung (die), die Gebrauchsanweisungen 게브라욱흐스안바이중 게브라욱흐스안바이중앤

한국어	독일어(발음)
사용하다	brauchen, brauchte, hat gebraucht 브라욱헌　　브라우흐태　　게브라우흐트
사우나	Sauna (die), die Saunas oder die Saunen 자우나　　　　지우나스 또는　　　지우낸
사월(단수로만 사용)	April (der) 아프리－르
사자자리	Löwe (der), die Löwen 뢰－배　　　　뢰－밴
사적인	persönlich 페르죈맇히
사적인 것, 개인적인 것 (단수로만 사용)	Private (das) 프리바－태
사전	Wörterbuch (das), die Wörterbücher 뵈르터북흐　　　　뵈르터뷯혀
사진	Foto (das), die Fotos 포－토　　　　포－토스
사진 촬영하다, 사진 찍다	fotografieren, fotografierte, hat fotografiert 포토그라피－랜　　포토그라피어태　　포토그라피어트
사진기	Fotoapparat (der), die Fotoapparate 포－토－압파라－트　　포－토압파라－태
사치	Luxus (der) 룩숫스

한국어	독일어(발음)
산	Berg (der), die Berge 배르크 　　　　　 배르게
산보하다, 산책하다	spazieren gehen, ging spazieren, 슈파치-랜 게-ㄴ　　 깅 슈파치-랜 ist spazieren gegangen 슈파치-랜 게강앤
산악 자전거	Mountainbike (das), die Mountainbikes 마운틴바이크 　　　　　마운틴바이크스
산책, 산보	Spaziergang (der), die Spaziergänge 슈파치어강 　　　　　슈파치어갱애
살다	leben, lebte, hat gelebt 레-밴　 렙태　　 겔렙트
살롱	Salon (der), die Salons 잘롱-　　　　　 잘롱스
살사(단수로만 사용)	Salsa (die) 잘자
살아 있는	lebend 레밴트
살펴보다	ansehen, sah an, hat angesehen 안제-앤　 자-안　　 안게제-앤
살피다, 들여다보다, 바라보다	gucken, guckte, hat geguckt 국켄　　 국크태　　 게국크트

한국어	독일어(발음)
삶, 생활, 생명	Leben (das), die Leben 레－벤　　　　　레－벤
삶의 기쁨	Lebensfreude (die), die Lebensfreuden 레－밴스프로이대　　　　레－밴스프로이댄
삼(3)격	Dativ (der), die Dative 다－티브　　　다－티배
삼십분	halbe Stunde 할배 슈툰대
삼월(단수로만 사용)	März (der) 매르츠
상당한, 대체로 어지간히	ziemlich 치－ㅁ맂히
상세하게, 자세히	ausführlich 아웃스퓨－얼맂히
상인(남자)	Kaufmann (der), die Kaufleute 카우프만　　　　카우프로이태
상인다운, 상업적인, 상업에 정통한	kaufmännisch 카우프매니쉬
상품	Marke (die), die Marken 마르캐　　　마르캔
새 빨간	knallrot 크날로－트

한국어	독일어(발음)
새로운	neu 노이
색	Farbe (die), die Farben 파르배　　　　　파르배
샌들	Sandale (die), die Sandalen 잔달－래　　　　　잔달－랜
샐러드	Salat (der), die Salate 잘라－트　　　　　잘라－태
샐러드용 감자	Salatkartoffel (die), die Salatkartoffeln 잘라－트카－토펠　　　　잘라－트카－토펠른
샐러드용 오이	Salatgurke (die), die Salatgurken 잘라－트구르캐　　　　잘라－트구르캔
샘물	Quellwasser (das), die Quellwasser 크벨바써　　　　　크벨바써
생가, 태어난	Geburtshaus (das), die Geburtshäuser 게부어츠하우스　　　　게부어츠호이저
생각하다	denken, dachte, hat gedacht 뎅캔　　　닥흐태　　　게닥흐트
생각하다	glauben, glaubte, hat geglaubt 글라우밴　　글라웁태　　게글라웁트
생선	Fisch (der), die Fische 핏쉬　　　　　핏쉐

한국어	독일어(발음)
생선 특별할인 주간	Fischwoche (die), die Fischwochen 피쉬복해　　　　　　　피쉬복핸
생일	Geburtstag (der), die Geburtstage 게부어츠타–ㅋ　　　　　게부어츠타–게
생일 날짜	Geburtsdatum (das), die Geburtsdaten 게부어츠다–툼　　　　　게부어츠다–탠
생일 목록	Geburtstagsliste (die), die Geburtstagslisten 게부어츠탁스리스태　　　게부어츠탁스리스탠
샤워시설	Dusche (die), die Duschen 두쉐　　　　　　두쉔
서(놓여)있다, 정지하다, 멈추어 서다	stehen, stand, hat gestanden 슈테–엔　슈탄트　　　게슈탄댄
서독	Westdeutschland 베스트도이췰란트
서명	Unterschrift (die), die Unterschriften 운터슈리프트　　　　　운터슈리프탠
서명하다	unterschreiben, unterschrieb, hat unterschrieben 운터슈라이밴　　　운터슈리–ㅂ　　　운터슈리–밴
서비스	Service (der), die Services 써–비스　　　　　써–비시스
서비스 업	Dienstleistung (die), die Dienstleistungen 디–ㄴ스트라이스퉁　　　디–ㄴ스트라이스퉁앤

한국어	독일어(발음)
서수(序數)	Ordinalzahl (die), die Ordinalzahlen 오르디날차 – ㄹ　　　　오르디날차 – ㄹ랜
서점	Buchhandlung (die), die Buchhandlungen 북흐한들룽　　　　북흐한들룽앤
서점	Buchladen (der), die Buchläden 북흐라 – 댄　　　　북흐래 – 댄
서쪽(단수로만 사용)	Westen (der) 베스탠
서쪽에	westlich 베스틀링히
섞다	mischen, mischte, hat gemischt 밋샌　　밋쉬태　　게밋쉬트
선글라스	Sonnenbrille (die), die Sonnenbrillen 존낸브릴래　　　　존낸브릴랜
선로, 레일	Gleis (das), die Gleise 글라이스　　　글라이재
선물	Geschenk (das), die Geschenke 게쉥크　　　　게쉥캐
선생, 교사	Lehrer (der), die Lehrer 레 – 러　　　레 – 러
선장	Kapitän (der), die Kapitäne 카피탠　　　카피태 – 내

한국어	독일어(발음)
선택하다	auswählen, wählte aus, hat ausgewählt 아우스밸-랜　　밸-태 아웃스　　　아웃스게밸-트
선택하다, 고르다	wählen, wählte, hat gewählt 밸-랜　　밸태　　　게밸트
설명	Erklärung (die), die Erklärungen 애어클래-룽　　　　애어클래-룽앤
설명하다	erklären, erklärte, hat erklärt 애어클래-랜 애어클래르태　　애어클래르트
설문지	Fragebogen (der), die Fragebögen 프라-개보-갠　　　　프라-개뵈-갠
설비하다	einrichten, richtete ein, hat eingerichtet 아인리히탠　　리히테태 아인　　　아인게리히테트
설탕	Zucker (der) 축커
성(城)	Schloss (das), die Schlösser 슐로쓰　　　　　슐뢰써
성니콜라우스 축일 (12월 6일)	Nikolaustag (der) 니콜라우스타-ㅋ
성씨	Familienname (der), die Familiennamen 파밀리-엔나-매　　　　파밀리-엔나-맨
성에 딸린 공원	Schlosspark (der), die Schlossparks 슐로쓰파-크　　　　슐로쓰파-크스

한국어	독일어(발음)
세, 임대료	Miete (die), die Mieten 미 – 태　　　　　미 – 탠
세, 임대료	Mietpreis (der), die Mietpreise 미 – 트프라이스　　　미 – 트프라이재
세계	Welt (die), die Welten 벨트　　　　　벨탠
세계기록	Weltrekord (der), die Weltrekorde 벨트레코르트　　　벨트레코르대
세계적으로 유명한	weltberühmt 벨트배뤼 – ㅁ트
세끼 식사제공 숙박 (소)	Vollpension (die), die Vollpensionen 폴팡지오 – ㄴ　　　폴팡지오 – 낸
세다	zählen, zählte, hat gezählt 채 – ㄹ랜　채 – ㄹ태　게채 – ㄹ트
세면대	Waschbecken (das), die Waschbecken 봐쉬배캔　　　　봐쉬배캔
세미나	Seminar (das), die Seminare 제미나 –　　　　제미나 – 래
세우다, 놓다	stellen, stellte, hat gestellt 슈텔랜　슈텔태　게슈텔트
세탁기	Waschmaschine (die), die Waschmaschinen 봐쉬마쉬 – 내　　　봐쉬마쉬 – 낸

한국어	독일어(발음)
센트	Cent (der), die Cents 쎈트　　　　　　쎈츠
셀프서비스 레스토랑	Selbstbedienungsrestaurant (das), 젤프스트베디-눙스레스토랑 die Selbstbedienungsrestaurants 젤프스트베디-눙스레스토랑스
셔츠	Hemd (das), die Hemden 햄트　　　　　　햄댄
소개하다	vorstellen (sich), stellte sich vor, 포-어슈텔랜 (짙히)　슈텔태 짙히 포-어 hat sich vorgestellt 짙히 포-어게슈텔트
소금	Salz (das) 잘츠
소녀	Mädchen (das), die Mädchen 매챈　　　　　　매챈
소시지	Wurst (die), die Würste 부어스트　　　　뷰르스태
소식, 통지, 정보	Nachricht (die), die Nachrichten 낙흐리히트　　　　낙흐리히탠
소아시아	Kleinasien 클라인아지-앤

한국어	독일어(발음)
소유 대명사	Possessivartikel (der), die Possessivartikel 포쎄시프아－티－켈　　　포쎄시프아－티－켈
소유하다, 가지고	haben, hatte, hat gehabt 하－밴　하테　　게합트
소파	Sofa (das), die Sofas 조－파　　　조－파스
소포, 상자	Paket (das), die Pakete 파케－트　　　파케－태
소풍	Ausflug (der), die Ausflüge 아우스플룩　　　아우스플뤼－개
소풍 날씨 (단수로만 사용)	Picknickwetter (das) 피크닉베터
속도, 속력, 스피드 (단수로만 사용)	Schnelligkeit (die) 슈낼리히카이트
속성(집중)과정	Intensivkurs (der), die Intensivkurse 인텐지－프쿠어스　　　인텐지－프쿠르재
손	Hand (die), die Hände 한트　　　핸대
손가락	Finger (der), die Finger 핑어　　　핑어
손님	Gast (der), die Gäste 가스트　　　개스태

한국어	독일어(발음)
쇠고기	**Rindfleisch (das)** 린트플라이쉬
수도(首都)	**Hauptstadt (die), die Hauptstädte** 하우프트슈타트　　　　하우프트슈태태
수량 표시	**Mengenangabe (die), die Mengenangaben** 맹앤안가－배　　　　맹앤안가－밴
수리하다	**reparieren, reparierte, hat repariert** 레파리－랜　레파리어태　레파리어트
수면장애	**Schlafstörung (die), die Schlafstörungen** 슐라－프슈퇴－룽　　　슐라－프슈퇴－룽앤
수선, 수리, 복구	**Reparatur (die), die Reparaturen** 레파라투－어　　　레파라투－랜
수수께끼	**Rätsel (das), die Rätsel** 랱챌　　　랱챌
수업(단수로만 사용)	**Unterricht (der)** 운터리히트
수여증서, 증명서	**Zertifikat (das), die Zertifikate** 체르티피카트　　　체르티피카태
수영복	**Badeanzug (der), die Badeanzüge** 바－데안추－ㅋ　　　바－데안취－개
수영장	**Schwimmbad (das), die Schwimmbäder** 슈빔바－트　　　슈빔배－더

한국어	독일어(발음)
수영하다	schwimmen, schwamm, ist/hat geschwommen 슈빔맨　　　　　슈밤　　　　　이스트/하트 게슈봄맨
수요일	Mittwoch (der), die Mittwoche 미트복흐　　　　　미트복해
수의사	Tierarzt (der), die Tierärzte 티-어아릍츠트　　　　　티-어애릍츠태
수중헬스 코스	Aquafitness-Kurs (der), die Aquafitness-Kurse 아쿠바피트네스-쿠어스　　　　　아쿠바피트네스-쿠르재
수집하다	sammeln, sammelte, hat gesammelt 잠멜른　　　　　잠멜태　　　　　게잠멜트
수출 상인	Exportkaufmann (der), die Exportkaufleute 엑스포-트카우프만　　　　　엑스포-트카우프로이태
수취인	Empfänger (der), die Empfänger 앰팽어　　　　　앰팽어
수프	Suppe (die), die Suppen 주패　　　　　주팬
수화물, 짐 (단수로만 사용)	Gepäck (das) 게팩
숙녀	Dame (die), die Damen 다-매　　　　　다-맨
숙녀복	Damenkleidung (die) 다-맨클라이둥

한국어	독일어(발음)
숙박	**Übernachtung (die), die Übernachtungen** 위－버낙흐통　　　　　　위－버낙흐퉁앤
숙박 가능성	**Übernachtungsmöglichkeit (die),** 위－버낙퉁스뫼－클리히카이트, **die Übernachtungsmöglichkeiten** 위－버낙흐퉁스뫼－클리히카이탠
숙박업소	**Pension (die), die Pensionen** 팡지온　　　　　　팡지오낸
숙박하다	**übernachten, übernachtete, hat übernachtet** 위－버낙흐탠　　위－버낙흐테테　　위－버낙흐테트
숙제	**Hausaufgabe (die), die Hausaufgaben** 하우스아우프가－배　　　하우스아우프가－밴
술수, 속임수	**Trick (der), die Tricks** 트릭　　　　트릭스
숟가락(큰)	**Esslöffel (der), die Esslöffel (kurz: EL)** 애쓰뢰펠　　　애쓰뢰펠 (간단히: 에엘)
숫양; 양자리 (백양궁)	**Widder (der), die Widder** 비더　　　　비더
숫자	**Zahl (die), die Zahlen** 차－ㄹ　　　차－ㄹ랜
슈퍼마켓	**Supermarkt (der), die Supermärkte** 주－퍼마르크트　　　주－퍼매르크태

한국어	독일어(발음)
스낵코너	Imbiss (der), die Imbisse 임비쓰　　　　　　임비쌔
스노우보드	Snowboard (das), die Snowboards 스노우보ー드　　　　　스노우보드스
스노우보드를 타다	Snowboard fahren, fuhr Snowboard, 스노우보ー드 파ー랜　　푸어 스노우보ー드 ist Snowboard gefahren 스노우보ー드 게파ー랜
스스로	selbst 젤프스트
스웨터	Pullover (der) 풀로ー버
스위스	Schweiz (die) 슈바이츠
스위치를 켜다	anmachen, machte an, hat angemacht 안막핸　　　막흐태 안　　　안게막흐트
스케치하다, 그림을	zeichnen, zeichnete, hat gezeichnet 차이히낸　　차이히네태　　게차이히테트
스코틀랜드	Schottland 쇼트란트
스키	Ski (der), die Skier 쉬ー　　　　쉬ー어

한국어	독일어(발음)
스키 타다	Ski fahren, fuhr Ski, ist Ski gefahren 쉬-파-랜　　푸-어 쉬-　　쉬 게파-랜
스키복	Skianzug (der), die Skianzüge 쉬-안추-ㅋ　　　쉬-안취-개
스타디움	Arena (die), die Arenen 아레-나　　　아레낸
스타일	Stil (der), die Stile 슈티-ㄹ 디- 슈티-ㄹ래
스탬프를 찍다, 소인을 찍다	stempeln, stempelte, hat gestempelt 슈템펠른　　슈템펠태　　　게슈템펠트
스테이크	Steak (das), die Steaks 스테-크　　　스테-크스
스트레스 (단수로만 사용)	Stress (der) 스트레쓰
스트레스를 일으키는	stressig 스트레씽히
스파게티	Spaghetti (die) (Plural) 슈파게티
스페인	Spanien 슈파-니앤
스페인어	Spanisch 슈파-니쉬

한국어	독일어(발음)
스페인어 지식 (복수로만 사용)	Spanischkenntnisse (die) (Plural) 슈파-니쉬캔트니쌔
스포츠 (단수로만 사용)	Sport (der) 슈포-트
스포츠 가방	Sporttasche (die), die Sporttaschen 슈포-트탓쉐　　　　　슈포-트탓쉔
스포츠 대리점	Sportagentur (die), die Sportagenturen 슈포-트아겐투-어　　　슈포-트아겐투-랜
스포츠 사업 (단수로만 사용)	Sportbusiness (das) 슈포-트비즈니스
스포츠 스튜디오	Sportstudio (das), die Sportstudios 슈포-트슈투-디오　　　슈포-트슈투-디오스
스포츠 여행	Sportreise (die), die Sportreisen 슈포-트라이재　　　　슈포-트라이잰
스포츠 이벤트	Sportevent (das), die Sportevents 슈포-트이벤트　　　　슈포-트이벤츠
스포츠에 관계되는	sportlich 슈포-틀맃히
스포츠용품 가게	Sportgeschäft (das), die Sportgeschäfte 슈포-트게섀프트　　　슈포-트게섀프태
슬픔, 괴로움, 고뇌	leidtun, tat leid, hat leidgetan 라이트투-ㄴ 타-트 라이트 라이트게탄

한국어	독일어(발음)
승강장	**Bahnsteig (der), die Bahnsteige** 바 − ㄴ슈타잌　　　　바 − ㄴ슈타이개
승낙, 수락	**Zusage (die), die Zusagen** 추 − 자 − 개　　　　추 − 자 − 갠
승마 수업 시간	**Reitstunde (die), die Reitstunden** 라이트슈툰대　　　　라이트슈툰댄
승마 치료	**Reittherapie (die), die Reittherapien** 라이트테라피 −　　　　라이트테라피 − 앤
승마 치료소, 승마장	**Reiterhof (der), die Reiterhöfe** 라이터호 − 프　　　　라이터회 − 페
승차권 자동판매기	**Fahrkartenautomat (der),** 파 − 카르탠아우토마 − 트 **die Fahrkartenautomaten** 파 − 카르탠아우도마 − 탠
승차권, 탑승권, 입장권	**Ticket (das), die Tickets** 티켙　　　　티켙츠
시가 전차	**Straßenbahn (die), die Straßenbahnen** 슈트라 − 쌘바 − ㄴ　　　　슈트라 − 쌘바 − 낸
시가 지도	**Stadtplan (der), die Stadtpläne** 슈탙트플란　　　　슈타트플래 − 내
시각	**Uhrzeit (die), die Uhrzeiten** 우 − 어차이트　　　　우 − 어차이탠

한국어	독일어(발음)
시간	Stunde (die), die Stunden 슈툰대 　　　　　슈툰댄
시간	Zeit (die), die Zeiten 차이트 　　　　차이탠
시간 제시어, 연월일	Zeitangabe (die), die Zeitangaben 차이트안가－배 　　　　차이트안가－밴
시간, 시계	Uhr (die), die Uhren 우－어 　　　　우－랜
시간계획	Zeitplanung (die), die Zeitplanungen 차이트플라－눙 　　　　차이트플라－눙앤
시간관리 (단수로만 사용)	Zeitmanagement (das) 차이트매니지맨트
시간의, 때의	temporal 템포라－ㄹ
시내 관광	Stadtführung (die), die Stadtführungen 슈탙트퓨－룽 　　　　슈타트퓨－룽앤
시내관광 드라이브	Stadtrundfahrt (die), die Stadtrundfahrten 슈탙트룬트파－르트 　　　　슈탙트룬트파－르탠
시내중심가	Stadtzentrum (das), die Stadtzentren 슈탙트첸트룸 　　　　슈타트첸트랜
시도하다	versuchen, versuchte, hat versucht 페어죽핸 　　페어죽흐태 　　페어죽흐트

한국어	독일어(발음)
시립극장	Stadttheater (das) 슈탈트테아터
시야, 전망 (단수로만 사용)	Sicht (die) 지힐트
시월 (단수로만 사용)	November (der) 노벰버
시월 (단수로만 사용)	Oktober (der) 옥토 – 버
시월축제, 맥주축제	Oktoberfest (das), die Oktoberfeste 옥토 – 버페스트　　　　옥토 – 버페스태
시작	Anfang (der), die Anfänge 안팡　　　　안팽애
시작하다	anfangen, fing an, hat angefangen 안팡앤　　팡 안　　안게팡앤
시작하다	beginnen, begann, hat begonnen 배기낸　　배간　　배고낸
시작하다	starten, startete, hat gestartet 슈타 – 탠　슈타 – 테태　게슈타 – 테트
시작해라	los 로 – 스
시장	Markt (der), die Märkte 마르크트　　　매르크테

한국어	독일어(발음)
시청	**Rathaus (das), die Rathäuser** 라–트하우스　　　　라–트호이저
시험	**Prüfung (die), die Prüfungen** 프뤼–풍　　　　프뤼–풍앤
시험에 합격하다	**bestehen, bestand, hat bestanden** 배슈테–엔　배슈탄트　배슈탄댄
시험하다, 음미하다	**ausprobieren, probierte aus, hat ausprobiert** 아웃스프로비–랜　프로비어태 아웃스　아웃스프로비어트
식단	**Speisekarte (die), die Speisekarten** 슈파이재카르태　　　슈파이재카르탠
식료품 가게	**Lebensmittelgeschäft (das),** 레–밴스미탤게섀프트 **die Lebensmittelgeschäfte** 레–밴스미탤게섀프태
식물성 기름	**Pflanzenöl (das), die Pflanzenöle** 플란첼외–르　　　플란첸외–ㄹ래
식사 시중을 들다, 손님을 대접하다	**servieren, servierte, hat serviert** 제어비–랜　제어비어태　제어비어트
식욕, 입맛, 밥맛	**Appetit (der)** 아페티트
식초	**Essig (der)** 애씨히

한국어	독일어(발음)
식탁	Küchentisch (der), die Küchentische 퀏핸팃쉬　　　　　　퀏핸팃쉐
식품	Lebensmittel (das), die Lebensmittel 레－벤스미탤　　　　　레－벤스미탤
식품코너	Lebensmittelabteilung (die), 레－벤스미텔압타일룽 die Lebensmittelabteilungen 레－벤스미텔압타일룽앤
신, 식초에 절인	sauer 자우어
신경질적인, 신경과민의	nervös 네르뵈－스
신규개업	Neueröffnung (die), die Neueröffnungen 노이외프눙　　　　　　노이외프눙앤
신년, 새해	Neujahr (das) 노이야－
신문	Zeitung (die), die Zeitungen 차이퉁　　　　　차이퉁앤
신문기사	Zeitungsartikel (der), die Zeitungsartikel 차이퉁스아－티－캘　　　　차이퉁스아－티－캘
신문텍스트	Zeitungstext (der), die Zeitungstexte 차이퉁스텍스트　　　　차이퉁스텍스태

한국어	독일어(발음)
신문하다	erfragen, erfragte, hat erfragt 애어프라-갠 애어프락태　　애어프락트
신발, 구두	Schuh (der), die Schuhe 슈-　　　　　　슈-애
신분 증명서, 여권 (복수로만 사용)	Papiere (die) 파피에래
신사복	Herrenkleidung (die) 해랜클라이둥
신사숙녀 여러분	meine Damen und Herren 마이네 다-맨 운트 해랜
신앙, 종교	Religion (die), die Religionen 렐리기오-ㄴ　　　　렐리기오-낸
신청, 신고, 등록	Anmeldung (die), die Anmeldungen 안멜둥　　　　　　안멜둥앤
신체의 부분	Körperteil (das), die Körperteile 쾨르퍼타일　　　　쾨르퍼타일래
실내 오케스트라	Kammerorchester (das), die Kammerorchester 캄머오케스터　　　　　캄머오케스터
실례지만	bitte 비태
실습 기간 (단수로만 사용)	Praktikumsdauer (die) 프락티쿰스다우어

한국어	독일어(발음)
실습생, 견습생	Praktikant (der), die Praktikanten 프락티칸트　　　　　프락티칸탠
실업 상태의	arbeitslos 아르바이츠로－스
실용적인	praktisch 프락티쉬
실제의, 진짜의	wirklich 비르클링히
심지어	sogar 조－가르
십오분	Viertelstunde (die), die Viertelstunden 피어텔슈툰대　　　　　피어텔슈툰댄
십오분 / 사십오분 (십오분 단위를 독일 어로 읽을 때 사용)	Viertel nach/vor 피－어텔 낙흐/ 포－어
십이월 (단수로만 사용)	Dezember (der) 데쳄버
십이월 삼십일일	Silvester (das) 질베스터
싼, 저렴한	billig 빌링히
쌀	Reis (der) 라이쓰

한국어	독일어(발음)
쌍둥이 자리; 쌍둥이	Zwilling (der), die Zwillinge 츠빌링　　　　츠빌링애
쓰다	schreiben, schrieb, hat geschrieben 슈라이밴　슈리－ㅂ　게슈리－밴
씻다, 빨래하다	waschen, wusch, hat gewaschen 봣샌　　부쉬　　게봣쉔
아	ah 아－
아 (감탄, 경악, 환희 등을 표현)	oh 오－
아 그렇지!	ah ja 아－ 야
아기	Baby (das), die Babys 베－비　　　베－비스
아기 속옷	Baby-Wäsche (die) 베－비－뱃셰
아내	Ehefrau (die), die Ehefrauen 에－애프라우　　에－애프라우앤
아늑한	gemütlich 게뮈틀리히
아늑함 (형용사 gemütlich의 명사형)	Gemütlichkeit (die) 게뮈틀맇히카이트

한국어	독일어(발음)
아는 남자/아는 여자, 형용사 bekannt 의 명사화	Bekannte (der/die), die Bekannten 배칸태　　　　　　　　　　배칸탠
아니라고 대답하다, 부정하다	verneinen, verneinte, hat verneint 페어나이낸　　　페어나인태　　　페어나인트
아동옷	Kinderkleidung (die) 킨더클라이둥
아들	Sohn (der), die Söhne 조－온　　　　　　　죄－내
아래에, 아래쪽에	unten 운탠
아마도	wohl 보－ㄹ
아마도, 어쩌면	vielleicht 필라잇히트
아무 문제없다	in Ordnung 인 오르드눙
아버지	Vater (der), die Väter 파－터　　　　　　패－터
아아	ach 아흐
아아	Oh Gott! 오－곧

한국어	독일어(발음)
아아(의성어)	och 옿흐
아이	Kind (das), die Kinder 킨트　　　　　킨더
아이, 아니오 (질문 부정하기)	nein 나인
아이구	hoppla 호플라
아이스크림 (단수로만 사용)	Eis (das) 아이스
아주 좋은, 멋진, 근사한	toll 톨
아주 좋은데!	Boah! 보아-!
아주 춥다는 표시	Brr! 브르~!
아직	noch 녹흐
아직 ~아니다	noch nicht 녹흐 니힡트
아침	Morgen (der) 모르갠

한국어	독일어(발음)
아침식사	Frühstück (das), die Frühstücke 프뤼-슈튁 프뤼-슈튁개
아침식사용 뷔페	Frühstücksbuffet (das), die Frühstücksbuffets 프뤼-슈튁스뷔페- 프뤼-슈튁스뷔페스
아침에 먹는 빵	Frühstücksbrötchen (das), 프뤼-슈튁스브뢰-챈 die Frühstücksbrötchen 프뤼-슈튁스브뢰-챈
아침에, 아침마다	morgens 모르갠스
아침을 먹다	frühstücken, frühstückte, hat gefrühstückt 프뤼-슈튀캔 프뤼-슈튀크태 게프뤼슈튁크트
아파트	Apartment (das), die Apartments 아파트망 아파트멘츠
아프다	wehtun, tat weh, hat wehgetan 베-투-ㄴ 타트 베- 베-게탄
아프리카	Afrika 아-프리카
아픈	krank 크랑크
아픔, 고통 (복수로만 사용)	Schmerzen (die) 슈메르챈

한국어	독일어(발음)
아하, 그렇군, 정말	aha 아하
안경	Brille (die), die Brillen 브릴래　　　　　브릴랜
안경사	Optiker (der), die Optiker 옵티커　　　　　옵티커
안내(여행)	Führung (die), die Führungen 퓨-룽　　　　　퓨-룽앤
안내, 통고	Ansage (die), die Ansagen 안자-개　　　　　안자-갠
안내서, 설명서	Prospekt (das), die Prospekte 프로스펙트　　　　　프로스펙태
안녕	Wiederhören (das) 비-더회-랜
안녕(남부 독일 인사말 (시간 구분 없이 사용함))	Grüß Gott 그뤼-쓰 곹
안녕(시간과 무관하게 사용할 수 있는 인사말)	hallo 할로
안녕 (헤어질 때 인사말)	tschüs 취-쓰
안녕하세요 (낮 인사)	Guten Tag 구-탠 타-ㅋ

한국어	독일어(발음)
안녕하세요(스위스 사람들의 인사말)	Grüezi 그뤼에찌
안녕하세요 (아침시간 인사말)	guten Morgen 구－탠 모르갠
안녕하세요 (저녁시간 인사말)	guten Abend 구－탠 아－벤트
안녕히 주무세요	gute Nacht 구－태 낙흐트
안부 전하다	liebe Grüße 리－배 그뤼－쌔
안으로	hinein 힌아인
안의, (시간) ~이내에	innerhalb 인너할프
안전	Sicherheit (die), die Sicherheiten 짙혀하이트　　　　짙혀하이탠
알게 되다	erfahren, erfuhr, hat erfahren 애어파－팬　애어푸－어　애어파－랜
알다	wissen, wusste, hat gewusst 비쌘　　부쓰태　　게부쓰트
알다	kennen, kannte, hat gekannt 캔낸　　칸태　　게칸트

한국어	독일어(발음)
알려지지 않은	**unbekannt** 운배칸트
알려진, 잘 알고 있는	**bekannt** 배칸트
알리다, (말로) 나타내다, 진술하다, 발음하다	**aussprechen, sprach aus, hat ausgesprochen** 아웃스슈프랭핸　　슈프랗흐 아웃스　　아웃스게슈프룽핸
알림, 정보, 안내	**Auskunft (die), die Auskünfte** 아우스쿤프트　　　　아우스퀸프태
알약	**Tablette (die), die Tabletten** 타블레태　　　　타블레탠
알프스 산맥 (복수로만 사용)	**Alpen (die)** 알－팬
암시, 힌트, 조언	**Tipp (der), die Tipps** 팁　　　　팁스
암호	**Chiffre (die), die Chiffren** 쉬프래　　　　쉬프랜
앞에	**vorne** 포르내
앞으로	**vorwärts** 포－어배르츠
애완 동물	**Haustier (das), die Haustiere** 하우스티－어　　　　하우스티－래

한국어	독일어(발음)
액세서리	Accessoire (das), die Accessoires 아세솨 아세솨스
액자에 끼우다	einrahmen, rahmte ein, hat eingerahmt 아인라－맨 라－ㅁ태 아인 아인게라－ㅁ트
앵무새	Papagei (der), die Papageien 파파가이 파파가이앤
앵무새의 병 (단수로만사용)	Papageienkrankheit (die) 파파가이앤크랑크하이트
앵무새의 병명	Psittakose (die), die Psittakosen 프짙타코－재 프짙타코－잰
야간강좌	Abendkurs (der), die Abendkurse 아－벤트쿠어스 아－벤트쿠르재
야영생활	Camping (das) 캠핑
야채	Gemüse (das) 게뮤－재
야채 스프	Gemüsesuppe (die), die Gemüsesuppen 게뮤－재주패 게뮤－재주팬
약, 대략	circa (ca.) 치르카
약, 대략	etwa 애트바－

한국어	독일어(발음)
약국	Apotheke (die), die Apotheken 아포테-캐　　　　　아포테-캔
약국(처방전없는 약이나 화장품 파는)	Drogerie (die), die Drogerien 드로게리-　　　　　드로게리-앤
약속	Verabredung (die), die Verabredungen 페어아프레-둥　　　　페어아프레-둥앤
약속하기, 협정함, 협정, 일치	Vereinbarung (die), die Vereinbarungen 페어아인바-룽　　　　페어아인바-룽앤
약속하다, 받아들이다	zusagen, sagte zu, hat zugesagt 추-자-갠 작태 추-　　추-게작트
얇은 조각	Scheibe (die), die Scheiben 샤이배　　　　　샤이밴
양	Menge (die), die Mengen 맹얘　　　　　맹얜
양	Schaf (das), die Schafe 샤-프　　　　　샤-패
양말	Socke (die), die Socken 족캐　　　　　족캔
양모(단수로만 사용)	Wolle (die) 볼래
양복	Anzug (der), die Anzüge 안추-ㅋ　　　　　안취-게

한국어	독일어(발음)
양식	Formular (das), die Formulare 포물라 –　　　　　　포물라 – 래
양치기, 목동	Schäfer (der), die Schäfer 섀 – 퍼　　　　　　섀 – 퍼
양털, 양모 (단수로만 사용)	Schafwolle (die) 샤 – 프볼래
양파	Zwiebel (die), die Zwiebeln 츠비 – 벨　　　　　　츠비 – 벨른
어느	welche 뱰해
어두운	dunkel 둥캘
어디로	wohin 보 – 힌
어디에	wo? 보 –
어디에서	woher? 보해 – 어
어떤 것	etwas (was) 에트밧스(밧스)
어떤 사람	jemand 예 – 만트

한국어	독일어(발음)
어떤 지역에 대한 지식(복수로만 사용)	Ortskenntnisse (die) (Pl.) 오르츠캔트니쌔
어떻게(how)	wie? 비-?
어떻게 지내니?	Wie geht es dir? 비- 게-트 앳스 디어?
어떻게 지내십니까?	Wie geht es Ihnen? 비- 게-트 앳스 이-낸?
어떻게 지내요? (안부 인사)	Wie geht's? 비- 게-츠?
어려운	schwierig 슈비-리히
어른 (남자/여자)	Erwachsene (der/die), die Erwachsenen 애어박세내　　애어박세낸
어리석은, 미련한, 우둔	dumm 둠
어린이 댄스그룹	Kindertanzgruppe (die), die Kindertanzgruppen 킨더탄츠그루패　　킨더탄츠그루팬
어린이방	Kinderzimmer (das), die Kinderzimmer 킨더침머　　킨더침머
어릿광대	Clown (der), die Clowns 클라운　　클라운스

한국어	독일어(발음)
어머니	Mutter (die), die Mütter 무터　　　　　　뮈터
어제	gestern 게스터른
어학수업 (단수로만 사용)	Sprachunterricht (der) 슈프랗흐운터리히트
어학연수	Sprachurlaub (der), die Sprachurlaube 슈프랗흐우얼라웁　　　　슈프랗흐우얼라우배
언급	Angabe (die), die Angaben 안가－배　　　　　　안가－밴
언어, 말	Sprache (die), die Sprachen 슈프랗해　　　　　슈프랗핸
언어권, der deutsche Sprachraum 독일어권	Sprachraum (der), die Sprachräume 슈프랗흐라움　　　　　슈프랗흐로이매
언제?	wann? 반?
언제까지?	bis wann? 빗스 반?
언제부터	seit wann 자이트 반
언제부터?	ab wann? 압 반?

한국어	독일어(발음)
얼마나 많이?	wie viel? 비 - 피 - ㄹ?
얼마나 머니?	wie weit 비 - 바이트
얼마나 오래	wie lange 비 - 랑애
얼마나 자주?	wie oft? 비 - 오프트
엄마	Mama (die), die Mamas 마마　　　　　　마마스
엄마	Mutti (die), die Muttis 무티　　　　　　무티스
업무수행을 위한 대화 / 담화	Dienstleistungsgespräch (das), 디 - ㄴ스트라이스퉁스게슈프랲히 die Dienstleistungsgespräche 디 - ㄴ스트라이스퉁스게슈프랲해
에	äh 애 -
에어로빅 체조 코스	Aerobic-Kurs (der), die Aerobic-Kurse 애로 - 빅 - 쿠어스　　　　애로 - 빅 - 쿠르제
여 실습생	Praktikantin (die), die Praktikantinnen 프락티칸틴　　　　　　프락티칸틴낸

한국어	독일어(발음)
여 판매원, 여 점원	Verkäuferin (die), die Verkäuferinnen 페어코이퍼린　　　　　　　페어코이퍼린낸
여가 스트레스 (단수로만 사용)	Freizeitstress (der) 프라이차이트스트레쓰
여가가 주는 괴로움 (단수로만 사용)	Freizeit-Terror (der) 프라이차이트 – 테로 – 어
여권	Pass (der), die Pässe 파쓰　　　　　　　패쌔
여기	hier 히 – 어
여러 가지의, 상이한	unterschiedlich 운터쉬 – 틀리히
여럿의	manche 많해
여름	Sommer (der), die Sommer 좀머　　　　　　　좀머
여름 휴식 (휴가) 기간	Sommerpause (die), die Sommerpausen 좀머파우재
여름철	Sommermonat (der), die Sommermonate 좀머모 – 나트　　　　　　　좀머모 – 나태
여비서	Sekretärin (die), die Sekretärinnen 제크레태 – 린　　　　　　　제크레태 – 린낸

한국어	독일어(발음)
여성 안마사	Masseurin (die), die Masseurinnen 마쐬-린　　　　　　　마쐬-린낸
여성 프로그래머	Programmiererin (die), die Programmiererinnen 프로그라미어러린　　　　프로그라미어러린낸
여성의	feminin 페미닌
여수의사	Tierärztin (die), die Tierärztinnen 티-어애르츠틴　　　　티-어애르츠틴낸
여의사	Ärztin (die), die Ärztinnen 애르츠틴　　　　애르츠틴낸
여자	Frau (die), die Frauen 프라우　　　　프라우앤
여자 상인	Kauffrau (die), die Kauffrauen 카우프프라우　　　　카우프프라우앤
여자 인형극 연희자	Puppenspielerin (die), die Puppenspielerinnen 푸팬슈피-ㄹ러린　　　　푸팬슈피-ㄹ러린낸
여자동료	Kollegin (die), die Kolleginnen 콜레-긴　　　　콜레-긴낸
여자친구	Freundin (die), die Freundinnen 프로인딘　　　　프로인딘낸
여행	Reise (die), die Reisen 라이재　　　　라이잰

한국어	독일어(발음)
여행 (관광) 단체	Reisegruppe (die), die Reisegruppen 라이재그루패 라이제그루팬
여행 계획	Reiseplan (der), die Reisepläne 라이제플란 라이제플래 – 내
여행 목적지	Reiseziel (das), die Reiseziele 라이제치 – ㄹ 라이제치 – ㄹ래
여행 안내서	Reiseführer (der), die Reiseführer 라이제퓨 – 러 라이제퓨 – 러
여행객, 관광객	Tourist (der), die Touristen 투 – 리스트 투 – 리스탠
여행사	Reisebüro (das), die Reisebüros 라이재뷰로 – 라이재뷰로 – 스
여행안내	Reiseleitung (die), die Reiseleitungen 라이재라이퉁 라이재라이퉁앤
여행용가방	Koffer (der) 코퍼
여행하다	reisen, reiste, ist gereist 라이잰 라이스태 게라이스트
역, 역사(驛舍)	Bahnhof (der), die Bahnhöfe 바 – ㄴ호프 반회 – 페
역시, 또한, ~도	auch 아욱흐

한국어	독일어(발음)
역할: 역할을 하다	Rolle (die): eine Rolle spielen 롤래 　　　 아이네 롤래 슈피－ㄹ랜
역할놀이(극)	Rollenspiel (das), die Rollenspiele 롤렌슈피－ㄹ 　　　 롤렌슈피－ㄹ랜
연결, 접속 (교통편의)	Anschluss (der), die Anschlüsse 안슐루쓰 　　　 안 슐뤼쎄
연극 입장권	Theaterkarte (die), die Theaterkarten 테아－터카르태 　　　 테아－터카르탠
연기하다	verschieben, verschob, hat verschoben 페어쉬－밴 　 페어숍 　 페어쇼－밴
연령	Lebensjahr (das), die Lebensjahre 레－벤스야－ 　　　 레－벤스야－래
연방을 구성하는 각 주 (독일)	Bundesland (das), die Bundesländer 분데스란트 　　　 분데스랜더
연속, 계속, 결과, 결말	Folge (die), die Folgen 폴개 　　　 폴갠
연습	Übung (die), die Übungen 위－붕 　　　 위－붕앤
연습하다	üben, übte, hat geübt 위－밴 윕태 　 게윕트
연애 이야기, 연애	Liebesgeschichte (die), die Liebesgeschichten 리－배스게쉬히태 　　　 리－배스게쉬히탠

한국어	독일어(발음)
연주하여 들려주다	vorspielen, spielte vor, hat vorgespielt 포-어슈피-ㄹ랜 슈피-ㄹ태 포-어 포어게슈피-ㄹ트
연착	Verspätung (die), die Verspätungen 페어슈패-퉁　　　　　　페어슈패-퉁앤
연필	Bleistift (der), die Bleistifte 블라이슈티프트　　　　블라이슈티프태
열, 열병 (단수로만사용)	Fieber (das) 피-버
열다	aufmachen, machte auf, hat aufgemacht 아우프막핸　　막흐태 아우프　　아우프게막흐트
열다, 개봉하다	öffnen, öffnete, hat geöffnet 외프낸　　외프네태　　게외프네트
열려있는	geöffnet 게외프네트
열쇠	Schlüssel (der), die Schlüssel 슐뤼쌜　　　　　　슐뤼쌜
열정	Leidenschaft (die), die Leidenschaften 라이댄샤프트　　　　라이댄샤프탠
엷은 색의, 밝은	hell 헬
염소자리	Steinbock (der), die Steinböcke 슈타인복　　　　　　슈타인뵉케

한국어	독일어(발음)
엽서	Postkarte (die), die Postkarten 포스트카르태 포스트카르탠
영국	England 앵글란트
영어	Englisch 앵글리쉬
영어코스	Englischkurs (der), die Englischkurse 앵글리쉬쿠어스 앵글리쉬쿠르재
영업, 사업	Geschäft (das), die Geschäfte 게섀프트 게섀프태
영업시간	Geschäftszeit (die), die Geschäftszeiten 게섀프츠차이트 게섀프츠차이탠
영화	Film (der), die Filme 필름 필르메
영화 촬영소	Filmstudio (das), die Filmstudios 필름스투 – 디오 필름스투 – 디오스
영화관; 영화	Kino (das), die Kinos 키 – 노 키 – 노스
옆에	neben 네 – 밴
예(例), 실례, 보기	Beispiel (das), die Beispiele 바이슈피 – ㄹ 바이슈피 – ㄹ래

한국어	독일어(발음)
예, 옳습니다 (긍정하기)	ja 야-
예/ 아니오-질문	Ja-/Nein-Frage (die), die Ja-/Nein-Fragen 야-/나인-프라-개　　　　　야-/나인-프라-갠
예를 들자면	zum Beispiel 춤 바이슈피-르
예배, 미사	Gottesdienst (der), die Gottesdienste 고테스디-ㄴ스트　　　　　고테스디-ㄴ스태
예쁜	hübsch 휩쉬
예약	Buchung (die), die Buchungen 북훙　　　　　북훙앤
예약하다	buchen, buchte, hat gebucht 북핸　　북흐태　　게북흐트
예약하다	reservieren, reservierte, hat reserviert 레저비-랜　　레저비어태　　레저비어트
예측	Prognose (die), die Prognosen 프로그노-재　　　　　프로그노-잰
오늘	heute 호이테
오늘의	heutig 호이티히

한국어	독일어(발음)
오다	kommen, kam, ist gekommen 콤맨　　　캄　　　게콤맨
오렌지	Orange (die), die Orangen 오랑-재　　　　오랑-잰
오렌지 주스	Orangensaft (der), die Orangensäfte 오랑-즌자프트　　　　오랑-즌자프태
오류, 실수, 잘못	Fehler (der), die Fehler 페-ㄹ러　　　페-ㄹ러
오른쪽으로	nach rechts 낙흐 렣히츠
오른쪽의	rechts 렣히츠
오스트레일리아	Australien 아우스트랄-리앤
오스트리아	Österreich 외스터라이히
오스트리아의	österreichisch 외-스터라이히쉬
오스트리아의 정육점주인	Fleischhauer (der), die Fleischhauer 플라이쉬하우어　　　　플라이쉬하우어
오오	Oje! 오예!

한국어	독일어(발음)
오월 (단수로만 사용)	**Mai (der)** 마이
오이	**Gurke (die), die Gurken** 구르캐　　　　　　　구르캐
오전	**Vormittag (der), die Vormittage** 포-어미탁　　　　　　포-어미타-개
오토바이	**Motorrad (das), die Motorräder** 모토어라-트　　　　　모토어래-더
오페라	**Oper (die), die Opern** 오-퍼　　　　　　　오-퍼른
오페라 입장권	**Opernkarte (die), die Opernkarten** 오-퍼른카르태　　　　오-퍼른카르탠
오페라극장	**Opernhaus (das), die Opernhäuser** 오-퍼른하우스　　　　오-퍼른호이저
오페어, 가사 도우미 학생	**Au-pair-Mädchen (das), die Au-pair-Mädchen** 오-페어-매챈　　　　　오-페어-매챈
오후	**Nachmittag (der), die Nachmittage** 낙흐미타-ㅋ　　　　　낙흐미타-개
온도	**Temperatur (die), die Temperaturen** 템퍼라투-어　　　　　템페라투-랜
온도(단수로만 사용)	**Grad (das)** 그라-트

한국어	독일어(발음)
온라인	online 온라인
온라인 편집	Online-Redaktion (die), 온라인 – 레닥치오 – ㄴ die Online-Redaktionen 온라인 – 레닥치오 – 낸
온천, 온욕	Thermalbad (das), die Thermalbäder 테르마 – ㄹ바 – 트　　　테르마 – ㄹ배 – 더
올라가다	steigen, stieg, ist gestiegen 슈타이갠　슈티 – ㅋ　게슈티 – 갠
올라가다	hinaufgehen, ging hinauf, ist hinaufgegangen 히나프게 – 앤　킹 히나우프　히나우프게강앤
올바른 남성/ 여성/것	Richtige (der/die/das) 릫히티개
옳다, 맞다, 일치하다	stimmen, stimmte, hat gestimmt 슈팀맨　슈팀태　게슈팀트
옳은	richtig 릫히티히
옷가게	Kleidergeschäft (das), die Kleidergeschäfte 클라이더게섀프트　클라이더게섀프태
옷들(복수로만 사용)	Kleider (die) 클라이더

한국어	독일어(발음)
옷을입다	anziehen (sich), zog sich an, hat sich angezogen 안치-앤　(짙히)　초-ㄱ 짙히 안　　짙히 안게초-갠
와인	Wein (der) 봐인
완벽한	perfekt 페르펙트
완전한	ganz 간츠
왕	König (der), die Könige 쾨-니히　　　　　쾨-ㄱ니개
왕복	hin und zurück 힌 운트 추뤽
왜	warum? 바룸
왜냐하면(그 까닭은) ~이니까	denn 덴
외국 (단수로만 사용)	Ausland (das) 아우쓰란트
외국어	Fremdsprache (die), die Fremdsprachen 프렘트슈프랗해　　　　　프렘트슈프랗핸
외국어로서의 독일어	Deutsch als Fremdsprache 도이취 알스 프렘트슈프랗해

한국어	독일어(발음)
외국에서의 실습(견습)	Auslandspraktikum (das), die Auslandspraktika 아우스란츠프락티쿰 아우스란츠프프락티카
외침	Ausruf (der), die Ausrufe 아웃스루－프 아웃스루－패
외투	Mantel (der), die Mäntel 만탤 맨탤
왼쪽으로	nach links 낙흐 링크스
요구, 요청	Aufforderung (die), die Aufforderungen 아웃프포－더룽 아웃프포－더룽앤
요구르트	Joghurt (der), die Joghurts 요구르트 요구르츠
요금	Gebühr (die), die Gebühren 게뷰－어 게뷰－랜
요리하다	kochen, kochte, hat gekocht 콕핸 코흐태 게코홀트
요오드 소금	Jodsalz (das), die Jodsalze 요－트잘츠 요－트잘채
욕실	Bad (das), die Bäder 바－트 배－더
욕조	Badewanne (die), die Badewannen 바－데반내 바－데반낸

한국어	독일어(발음)
용서하다	entschuldigen (sich), entschuldigte sich, 엔트슐-디겐　　(짓히)　엔트슐딕태　　짓히 hat sich entschuldigt 짓히 엔트슐딕트
우간다	Uganda 우-간다
우리	wir 비어
우리들에게, 우리들을	uns 운스
우리의	unser 운저
우산	Schirm (der), die Schirme 쉬름　　　　　　쉬르매
우선, 무엇보다도	vor allem 포-어 알램
우아한	elegant 엘레간트
우울증, 디프레스	Depression (die), die Depressionen 데프레씨오-ㄴ　　　　데프레씨오-낸
우울한	deprimiert 데프리미어트

한국어	독일어(발음)
우유	Milch (die) 밀히
우체국	Post (die) 포스트
우크라이나	Ukraine (die) 우크라－이내
우편번호	Postleitzahl (die), die Postleitzahlen 포스트라이트차－ㄹ　　　포스트라이트차－ㄹ랜
우표	Briefmarke (die), die Briefmarken 브리－프마르캐　　　브리－프마르캔
운이 좋은, 행복한	glücklich 글뤽클링히
운전면허증	Führerschein (der), die Führerscheine 퓌－러샤인　　　퓌－러샤이내
운행시간표	Fahrplan (der), die Fahrpläne 파－플란　　　파－플래－내
울리다 (전화벨, 초인종이)	klingeln, klingelte, hat geklingelt 클링엘른　클링엘태　게클링엘트
웃다	lachen, lachte, hat gelacht 랑핸　랑흐태　겔랑흐트
웃옷, 쟈켓 (잠바 Blouson [블루종])	Jacke (die), die Jacken 약캐　　　약캔

한국어	독일어(발음)
웃음요가 (단수로만사용)	Lach-Yoga (das) 랗흐-요-가
원래의, 원본의	original 오리기날
원인, 이유, 토대, 기초, 근거	Grund (der), die Gründe 그룬트　　　　그륀대
원피스	Kleid (das), die Kleider 클라이트　　　　클라이더
월요일	Montag (der), die Montage 모-ㄴ타-ㅋ　　　모-ㄴ타-개
월요일 아침 (단수로만 사용)	Montagmorgen (der) 모-ㄴ탁모르갠
웨이터	Ober (der), die Ober 오-버　　　　오-버
웹 사이트	Web-Seite (die), die Web-Seiten 웹-사이트　　　　웹-사이탠
위에	oben 오-밴
위쪽으로	hinauf 히나우프
위층	Obergeschoss (das), die Obergeschosse 오-버게쇼쓰　　　　오-버게쇼쌔

한국어	독일어(발음)
위치	Lage (die), die Lagen 라 – 개 　 라 – 갠
위치	Position (die), die Positionen 포지치오 – ㄴ 　 포지치오 – 낸
위험한	gefährlich 게패얼맇히
유감스러운	schade 샤 – 대
유감스럽게도	leider 라이더
유럽	Europa 오이로파
유로	Euro (der), die Euros 오이로 　 오이로스
유리로 된 둥근 지붕, 유리반구	Glaskuppel (die), die Glaskuppeln 글라스쿠펠 　 글라스쿠펠른
유명한	berühmt 베뤼 – ㅁ트
유스호스텔	Jugendherberge (die), die Jugendherbergen 유 – 겐트헤어배르게 　 유 – 겐트헤어배르갠
유월(단수로만 사용)	Juni (der) 유 – 니

한국어	독일어(발음)
유치원	Kindergarten (der), die Kindergärten 킨더가르탠　　　　　　　킨더개르탠
유한(책임)회사	GmbH (die), die GmbHs 게엠베하 –　　　　　　　게엠베하스
은행	Bank (die), die Banken 방크　　　　　　　방캔
음료수	Getränk (das), die Getränke 게트랭크　　　　　　　게트랭캐
음식	Essen (das) 애쌘
음식	Speise (die), die Speisen 슈파이재　　　　　　　슈파이잰
음악	Musik (die) 무직
음악 전문대학	Musikhochschule (die), die Musikhochschulen 무직혹흐슐 – 래　　　　　　　무직혹흐슐 – 랜
음악가	Musiker (der), die Musiker 무지커　　　　　　　무지커
응답 전화를 하다	zurückrufen, rief zurück, hat zurückgerufen 추뤽루 – 팬　　　리 – 프 추뤽　　　추뤽게루 – 팬
의견	Meinung (die), die Meinungen 마이눙　　　　　　　마이눙앤

한국어	독일어(발음)
의도, 뜻	Vorsatz (der), die Vorsätze 포-어잘츠　　　　포-어잴채
의도하다, 계획하다	vorhaben, hatte vor, hat vorgehabt 포-어하-밴 하태 포-어　　포-어게합트
의무, 본분, 책임	Pflicht (die), die Pflichten 플맅히트　　　　플맅히탠
의문사	Frageartikel (der) 프라-게아티-캘
의사	Doktor (der), die Doktoren 독토어　　　　독토-랜
의사(남자)	Arzt (der), die Ärzte 아르츨트　　　애르츠테
의원, 개인	Arztpraxis (die), die Arztpraxen 아르츨트프락시스　　　아르츨트프락샌
의원, 작은 병원	Ärztehaus (das), die Ärztehäuser 애르츠테하우스　　　애르츠테호이저
의원, 작은 병원	Praxis (die), die Praxen 프락시스　　　프락샌
의자	Stuhl (der), die Stühle 슈투-ㄹ　　　슈튀-ㄹ래
의학	Medizin (die) 메디치-ㄴ

한국어	독일어(발음)
이(2)월 (단수로만 사용)	Februar (der) 페-부아-
이, 저(지시 대명사)	diese 디-제
이것은	das 다스
이국풍의	exotisch 액소티쉬
이란	Iran (der) 이란
이례적인, 진기한, 별난	ungewöhnlich 운게뵈-ㄴ맄히
이륙	Abflug (der), die Abflüge 압플룩　　　　　　압플뤼-게
이륙하다(비행기가)	abfliegen, flog ab, ist abgeflogen 압플리-겐　플록 압　압게플로-겐
이른	früh 프뤼-
이름	Name (der), die Namen 나-매　　　　　　나-맨
이름	Vorname (der), die Vornamen 포-어나-매　　　　포-어나-맨

한국어	독일어(발음)
이리저리 걸어 다니다, 배회하다	umhergehen, ging umher, ist umhergegangen 움해어게-앤　　　　깅 움해어　　　　움해어게강앤
이리저리 타고 다니다, 드라이브	herumfahren, fuhr herum, ist herumgefahren 해룸파-랜　　　　푸-어 해룸　　　　해룸게파-랜
이메일	E-Mail (die), die E-Mails 이-메일　　　　　　이-메일스
이미	schon 쇼-ㄴ
이사하다, 이주하다	umziehen, zog um, ist umgezogen 움치-앤　　초-ㄱ 움　　움게초갠
이상적인, 이상의	ideal 이데알-
이야기, 역사	Geschichte (die), die Geschichten 게쉬히테　　　　　게쉬히탠
이야기하다	erzählen, erzählte, hat erzählt 애어채-ㄹ랜 애어채-ㄹ태　애어채-ㄹ트
이어 말하기 놀이	Kettenspiel (das), die Kettenspiele 케탠슈피-ㄹ　　　　　케탠슈피-ㄹ래
이인용 방	Doppelzimmer (das), die Doppelzimmer 도펠침머　　　　　　　도펠침머
이인용 침대	Doppelbett (das), die Doppelbetten 도펠배트　　　　　　　도펠배트

한국어	독일어(발음)
이전에	**früher** 프뤼－어
이탈리아	**Italien** 이타－ㄹ리엔
이탈리아어	**Italienisch** 이타－ㄹ리에니쉬
이통, 귀앓이 (복수로만사용)	**Ohrenschmerzen (die) (Plural)** 오－랜슈메르챈
이해하다	**verstehen, verstand, hat verstanden** 페어슈테－앤　페어슈탄트　　페어슈탄댄
이혼 상태인 (이혼한)	**geschieden** 게쉬－댄
인도	**Indien** 인디앤
인도의	**indisch** 인디쉬
인도하다	**führen, führte, hat geführt** 퓨－랜　퓨－르테　　게퓨－르트
인류	**Menschheit (die)** 멘쉬하이트
인사	**Begrüßung (die), die Begrüßungen** 배그뤼－쑹　　　　　배그뤼－쑹앤

한국어	독일어(발음)
인사	Gruß (der), die Grüße 그루-쓰　　　　　그뤼-쌔
인사과(부)장	Personalchef (der), die Personalchefs 페르조날셰프　　　　　페르조날셰프스
인사하다	begrüßen, begrüßte, hat begrüßt 배그뤼-쌘　배그뤼-쓰태　배그뤼-쓰트
인스턴트 식품	Fertiggericht (das), die Fertiggerichte 페르팅히게리히트　　　페르팅히게리히태
인용문	Zitat (das), die Zitate 치타-트　　　치타-태
인적 사항 (복수형으로만 쓰임)	die Personalien (nur Plural) 페르조날-리앤
인접, 가까움	Nähe (die) 내-에
인칭대명사	Personalpronomen (das), die Personalpronomen 페르조-날프로노-맨　　　　페르조-날프로노-맨
인터넷 (단수로만 사용)	Internet (das) 인터넷
인터넷 서핑하다	im Internet surfen, surfte im Internet, 임 인터넷 써-팬　　　써-프태 임 인터넷 hat im Internet gesurft 임 인터넷 게써-프트

한국어	독일어(발음)
인터넷 코스	Internetkurs (der), die Internetkurse 인터넷쿠어스　　　　인터넷쿠르재
인터뷰	Interview (das), die Interviews 인터뷰－　　　　인터뷰－스
인형	Puppe (die), die Puppen 푸패　　　　푸팬
인형 그룹	Figurengruppe (die), die Figurengruppen 피구－랜그루패　　　　피구－랜그루팬
인형극 연희자	Puppenspieler (der), die Puppenspieler 푸팬슈피－ㄹ러　　　　푸펜슈피－ㄹ러
인후통 (복수로만사용)	Halsschmerzen (die) (Plural) 할스슈메르챈
일	Arbeit (die), die Arbeiten 아르바이트　　　　아르바이탠
일(1)층	Erdgeschoss (das), die Erdgeschosse 애어트게쇼스　　　　애어트게쇼쌔
일년 내내, 연중	ganzjährig 간츠얘－리히
일람표	Übersichtstafel (die), die Übersichtstafeln 위－버지히츠타－펠　　　　위－버지히츠타펠른
일박이식 숙소 (아침식사 포함)	Halbpension (die), die Halbpensionen 할프팡지온　　　　할프팡지오－낸

한국어	독일어(발음)
일본식의	japanisch 야파－니쉬
일상대화	Alltagsgespräch (das), die Alltagsgespräche 알탁스게슈프랭히　　　　　　　알탁스게슈프랭해
일어나다	aufstehen, stand auf, ist aufgestanden 아우프스테－엔 슈탄트 아우프　아우프게슈탄댄
일요일	Sonntag (der), die Sonntage 존타－ㅋ　　　　　　존타－개
일요일 오후	Sonntagnachmittag (der), 존탁낙흐미타－ㅋ die Sonntagnachmittage 존탁낙흐미타－게
일요일 저녁	Sonntagabend (der), die Sonntagabende 존탁아－벤트　　　　　존탁아－벤대
일월(단수로만 사용)	Januar (der) 야누아－
일인실	Einzelzimmer (das), die Einzelzimmer 아인첼침머　　　　　아인첼침머
일일 세미나	Tagesseminar (das), die Tagesseminare 타－게스제미나－　　　　타－게스제미나－래
일자리, 위치, 장소	Stelle (die), die Stellen 슈텔래　　　　슈텔랜

한국어	독일어(발음)
일정 기록용 메모장	Terminkalender (der), die Terminkalender 테어미－ㄴ칼렌더　　　　　테어미－ㄴ칼렌더
일정, 기일, 기한	Termin (der), die Termine 테어미－ㄴ　　　　테어미－내
일하는 주일	Arbeitswoche (die), die Arbeitswochen 아르바이츠복해　　　　　아르바이츠복해
일하다	arbeiten, arbeitete, hat gearbeitet 아르바이탠 아르바이테태　　게아르바이테트
읽다	lesen, las, hat gelesen 레－잰　라－스　　게레－잰
잃어버리다	verlieren, verlor, hat verloren 페어리－랜　페어로－어　페어로－랜
입	Mund (der), die Münder 문트　　　　뮌더
입구	Eingang (der), die Eingänge 아인강　　　　아인갱애
입방체, 주사위	Würfel (der), die Würfel 뷔르펠　　　　뷔르펠
입어보다	anprobieren, probierte an, hat anprobiert 안프로비－랜　프로비어테 안　안프로비어트
입장	Eintritt (der), die Eintritte 아인트리트　　　아인트리테

한국어	독일어(발음)
입장 허가 (단수로만 사용)	Einlass (der) 아인라쓰
입장, 사정, 형편	Situation (die), die Situationen 지투아치오 – ㄴ 지투아치오 – 낸
입장권	Eintrittskarte (die), die Eintrittskarten 아인트리츠카르태 아인트리츠가르탠
입장권 종류	Kartenkategorie (die), die Kartenkategorien 카르탠카테고리에 카르탠카테고리 – 엔
입장료	Eintrittspreis (der), die Eintrittspreise 아인트리츠프라이스 아인트리츠프라이재
잊어버리다(생각)	vergessen, vergaß, hat vergessen 퍼어겟샌 페어가 – 쓰 퍼어겟샌
자(초조, 권유, 결심)	na 나 –
자기, 자기 자신의	sich 짛히
자기의, 자신의	eigene 아이게내
자동응답기	Anrufbeantworter (der), die Anrufbeantworter 안루 – 프배안트보르터 안루프배안트보르터
자동차	Auto (das), die Autos 아우토 아우토스

한국어	독일어(발음)
자동차	Automobil (das), die Automobile 아우토모빌　　　　아우토모빌 – 래
자동차 렌트(임대)	Autovermietung (die), die Autovermietungen 아우토페어미 – 퉁　　　　아우토페어미 – 퉁앤
자동차 정비사	Automechaniker (der), die Automechaniker 아우토메햐 – 니커　　　　아우토메햐 – 니커
자라다, 성장하다	wachsen, wuchs, ist gewachsen 박샌　　　북스　　　게박샌
자료를 주다, (동물에게)	füttern, fütterte, hat gefüttert 퓨터른　　퓨터르태　　게퓨터르트
자루, 주머니	Sack (der), die Säcke 작　　　　잭캐
자르다, 썰다	schneiden, schnitt, hat geschnitten 슈나이댄　　슈니트　　게슈니탠
자립적인, 독립적인	selbständig 젤프스탠딯히
자매, 누이, 여자형제	Schwester (die), die Schwestern 슈베스터　　　　슈베스터른
자연	Natur (die) 나투 – 어
자연의, 타고난, 물론	natürlich 나튀얼릿히

한국어	독일어(발음)
자유로운	frei 프라이
자유시간 (단수로만 사용)	Freizeit (die) 프라이차이트
자율학습과정	Selbstlernkurs (der), die Selbstlernkurse 젤스트레른쿠어스　　　　젤스트레른쿠르재
자전거	Fahrrad (das), die Fahrräder 파－라－트　　　　파－래－더
자전거 대여 (단수로만 사용)	Fahrradverleih (der) 파－라－트페어라이
자전거 배달원	Fahrradkurier (der), die Fahrradkuriere 파－라－트쿠리－어　　　　파－라－트쿠리－어
자전거 자물쇠	Fahrradschloss (das), die Fahrradschlösser 파－라－트슐로쓰　　　　파－파－트슐뢰써
자전거 주차대	Fahrradständer (der), die Fahrradständer 파－라－트슈탠더　　　　파－라－트슈탠더
자전거 헬멧	Fahrradhelm (der), die Fahrradhelme 파－라－트헬름　　　　파－라－트헬매
자전거를 타다	Fahrrad fahren, fuhr Fahrrad, ist Fahrrad gefahren 파－라－트 파－랜 푸－어 파－라－트 이스트 파－라트 게파－랜
자주	oft 오프트

한국어	독일어(발음)
작동하다, 기능을 발휘하다	funktionieren, funktionierte, hat funktioniert 풍치오니-랜　　　풍치오니어태　　　풍치오니어트
작별	Abschied (der), die Abschiede 압쉬-트　　　　　압쉬-대
작별 인사	Abschiedsgruß (der), die Abschiedsgrüße 압쉬-트그루-쓰　　　　압쉬-트그뤼-쌔
작별 인사	auf Wiedersehen 아우프 비-더제-엔
작별 인사를 하다	verabschieden (sich), verabschiedete sich, 페어압쉬-댄 짛히　　　페어압쉬-데태 짛히 hat sich verabschiedet 짛히 페어압쉬-데트
작별인사(전화통화)	auf Wiederhören 아우프 비-더회-랜
작업방	Arbeitszimmer (das), die Arbeitszimmer 아르바이츠침머　　　　아르바이츠침머
작은	klein 클라인
작은 소시지	Würstchen (das), die Würstchen 뷰르스챈　　　　　뷰르스챈
작은 카드	Kärtchen (das), die Kärtchen 캐르챈　　　　　캐르챈

한국어	독일어(발음)
작품	Werk (das), die Werke 베르크 베르캐
잔	Glas (das), die Gläser 글라−스 글래−저
잘 가, 잘 있어	servus 제어붓스
잘 되고 있다(일이)	gut gehen, ging gut, ist gut gegangen 구−트 게−엔 깅 구−트 이스트 구−트 게강엔
잘 지내고 있는 (오스트리아 말)	leiwand 라이반트
잠자다	schlafen, schlief, hat geschlafen 슐라−팬 슐리−프 게슐라−팬
잡아매다	anschließen, schloss an, hat angeschlossen 안슐리−쌘 슐로쓰 안 안게슐로쌘
잡지	Zeitschrift (die), die Zeitschriften 차이트슈리프트 차이트슈리프탠
장	Schrank (der), die Schränke 슈랑크 슈랭캐
장(과, 부, 국의)	Chef (der), die Chefs 쉐프 쉐프스
장면	Szene (die), die Szenen 스체−내 스체−낸

한국어	독일어(발음)
장소	Ort (der), die Orte 오르트　　　　　오르테
장소의: 장소 표시 전치사	lokal: die lokale Präposition 로칼 디 로칼래 프래포지치오-ㄴ
장식	Dekoration (die), die Dekorationen 데코라치오-ㄴ　　　　　데코라치오-낸
재교육	Weiterbildung (die), die Weiterbildungen 바이터빌둥　　　　　바이터빌둥앤
재미	Spaß (der), die Späße 슈파-쓰　　　　　슈패쌔
재즈음악	Jazz-Musik (die) 쟤즈-무직
재추서	PPS 페페애쓰
재회	Wiedersehen (das) 비-더제-앤
저기 뒤에서	da hinten 다- 힌탠
저기 아래에서	da unten 다- 운탠
저기 앞에서	da vorne 다- 포르내

한국어	독일어(발음)
저기 위에서	da oben 다 – 오 – 밴
저기 저쪽에서	da drüben 다 – 드뤼 – 밴
저기에	da 다 –
저기에	dort 도르트
저녁	Abend (der), die Abende 아 – 벤트　　　아 – 벤대
저녁 공연 전에 문을 여는 (극장) 매표소	Abendkasse (die), die Abendkassen 아 – 벤트카쌔　　　아 – 벤트카쌘
저렴한, 저렴하고 좋은	günstig 귄스틯히
저쪽에	drüben 드뤼 – 밴
적당한 가격의	preiswert 프라이스베르트
적어 두다	aufschreiben, schrieb auf, hat aufgeschrieben 아우프슈라이밴　슈리 – ㅂ 아우프　　아우프게슈리 – 밴
적어 두다, 기입하다	notieren, notierte, hat notiert 노티 – 랜　노티어태　　노티어트

한국어	독일어(발음)
적어도	mindestens 민데스탠스
적은, 근소한, 소량의	wenig 베-닣히
전갈자리	Skorpion (der), die Skorpione 스코르피오-ㄴ　　　　스코르피오-내
전기, 인생	Lebensgeschichte (die), die Lebensgeschichten 레-벤스게쉬히태　　　　레-벤스게쉬히탠
전기기사	Elektriker (der), die Elektriker 엘렉트리커　　　　엘렉트리커
전략, 전술	Strategie (die), die Strategien 슈트라테기-　　　　슈트라테기-앤
전류, 흐름, 분출	Strom (der), die Ströme 슈트로-옴　　　　슈트뢰-매
전망, 쳐다봄, 시선, 광경	Blick (der), die Blicke 블릭　　　　블릭캐
전문가	Experte (der), die Experten 액스페르태　　　　액스페르탠
전부	alles 알랫스
전산학 (단수로만 사용)	Informatik (die) 인포마틱

한국어	독일어(발음)
전산학에 대한 지식 (복수로만 사용)	**Informatikkenntnisse (die) (Plural)** 인포마틱캔트니쌔
전에	**vor** 포-어
전에	**vorher** 포-어해어
전철(도시 고속)	**S-Bahn (die), die S-Bahnen** 앳스-바-ㄴ　　앳스-바-낸
전체의, 총체의	**total** 토타-ㄹ
전치사	**die Präpositon, die Präpositonen** 프래포지치오-ㄴ　　프래초지치오-낸
전혀 ~한 적이 없다	**nie** 니-
전화	**Anruf (der), die Anrufe** 안루-프　　안루-패
전화	**Telefon (das), die Telefone** 텔레포-ㄴ　　텔레포-내
전화 대화, 통화	**Telefongespräch (das), die Telefongespräche** 텔레포-ㄴ게슈프랗히　　텔레포-ㄴ게슈프랗해
전화 받고 있는 ("전화받고 있는데요", "접니다")	**am Apparat** 암 압파라-트

한국어	독일어(발음)
전화기(의 약칭), 장치, 기구	**Apparat (der), die Apparate** 압파라－트　　　압파라－태
전화를 거는 사람	**Anrufer (der), die Anrufer** 안루－퍼　　　안루－퍼
전화번호	**Telefonnummer (die), die Telefonnummern** 텔레포－ㄴ눔머　　　텔레포－ㄴ눔머른
전화통지	**Telefonansage (die), die Telefonansagen** 텔레포－ㄴ안자－개　　　텔레포－ㄴ안자－갠
전화하다	**anrufen, rief an, hat angerufen** 안루－팬　리－프 안　안게루－팬
전화하다	**telefonieren, telefonierte, hat telefoniert** 텔레포니－랜　텔레포니어태　텔레포니어트
절박한	**dringend** 드링엔트
절반의, 30분 (독일어로 읽을 때)	**halb** 할프
젊은, 어린	**jung** 융
점심식사 (단수로만 사용)	**Mittagessen (das)** 미타－ㄱ애쌘
접미사, 후철	**Nachsilbe (die), die Nachsilben** 낙흐질배　　　낙흐질밴

한국어	독일어(발음)
접속법	Konjunktiv (der), die Konjunktive 콘늉티-프 　　　　콘늉티-배
접시, 쟁반	Teller (der), die Teller 텔러 　　　　텔러
접촉, 관계, 교제	Kontakt (der), die Kontakte 콘탁트 　　　　콘탁태
정류장	Station (die), die Stationen 슈타치오-ㄴ 　　　　슈타치오-낸
정리, 정돈하다, 치우다, 청소하다	aufräumen, räumte auf, hat aufgeräumt 아우프로이맨　　로임태 아웃프　　　아웃프게로임트
정리하다	ordnen, ordnete, hat geordnet 오르드낸　　오르드네태　　게오르드네트
정보	Information (die), die Informationen 인포마치오-ㄴ 　　　　인포마치오-낸
정보가 수록된 텍스트	Informationstext (der), die Informationstexte 인포마치온스텍스트 　　　　인포마치온스텍스태
정보를 제공하다	informieren (sich), informierte sich, 인포미-랜　　(짓히)　　인포미어태　　짓히 hat sich informiert 짓히 인포미어트
정보안내	Info (die), die Infos 인포 　　　　인포스

한국어	독일어(발음)
정오	Mittag (der), die Mittage 미타-ㅋ　　　　미타-개
정원	Garten (der), die Gärten 가르덴　　　　개르탠
정원 파티	Gartenparty (die), die Gartenpartys 가르텐파-티　　　가르텐파-티스
정육점 주인	Fleischer (der), die Fleischer 플라이셔　　　　플라이셔
정치 세미나	Politikseminar (das), die Politikseminare 폴리틱제미나-　　　폴리틱제미나-래
정확하게 말하자면	genauer gesagt 게나우어 게작트
정확한, 정시의	pünktlich 퓽크틀맇히
제공되는 코스	Kursangebot (das), die Kursangebote 쿠어스안게보-트　　　쿠어스안게보-테
제공하다	bieten, bot, hat geboten 비-탠　　보-트　　게보-탠
제목, 칭호, 존칭	Titel (der), die Titel 티-텔　　　티-텔
제빵사	Bäcker (der), die Bäcker 백커　　　　백커

한국어	독일어(발음)
제안	**Vorschlag (der), die Vorschläge** 포 – 어슐락 –　　　　　　포 – 어슐래 – 개
제철공업	**Eisenindustrie (die), die Eisenindustrien** 아이젠인두스트리 –　　　　아이젠인두스트리 – 앤
제한된 시간에	**auf Zeit** 아우프 차이트
제화공, 구두 수선공	**Schuster (der), die Schuster** 슈스터　　　　　　　슈스터
조금, 약간	**ein bisschen** 아인 비쓰핸
조금도 아니다	**gar nicht** 가 – 닣히트
조깅복	**Jogginganzug (der), die Jogginganzüge** 조깅안추 – ㅋ　　　　　조깅안취 – 개
조깅신발	**Joggingschuh (der), die Joggingschuhe** 조깅슈 –　　　　　　조깅슈 – 애
조깅하기 좋은 날씨	**Joggingwetter (das)** 조깅베터
조깅하다	**joggen, joggte, hat gejoggt** 조갠　　　족태　　　게족트
조목별로	**in Stichworten** 인 슈팅히보르탠

한국어	독일어(발음)
조부모 (복수형으로만 쓰임)	die Großeltern (nur Plural) 그로−쓰앨턴
조심스러운, 신중한	vorsichtig 포어 히티히
조심해! 무엇인가 잘못되었네!	Oh-oh! 오−오!
조어(造語)	Wortbildung (die), die Wortbildungen 보르트빌둥　　　　　　보르트빌둥앤
조용한	ruhig 루−이히
조용히	leise 라이재
조항별 메모, 표어, 슬로건	Stichwort (das), die Stichwörter 슈팋히보르트　　　　　슈팋히뵈르터
조화로운	harmonisch 하−모니쉬
존립하다, 존속하다	stehen, stand, hat gestanden 슈테−엔 슈탄트　　　게슈탄댄
존재하고 있다, 있다	vorhanden sein, war vorhanden, 포−어한댄 자인　　　　바− 포−어한댄 ist vorhanden gewesen 이스트 포−어한댄 게베−잰

한국어	독일어(발음)
좀, 자 (명령형 문장에서 요구),한 번	mal 마－ㄹ
좁은	schmal 슈마－ㄹ
종강 그릴 파티	Abschlussgrillen (das) 압슐루쓰그릴랜
종이	Papier (das), die Papiere 파피어　　　　파피에래
종합병원	Krankenhaus (das), die Krankenhäuser 크랑크하우스　　　　크랑크호이저
좋아	okay 오케이
좋아하는	Lieblings- 리－블링스－
좋아하다	lieben, liebte, hat geliebt 리－밴　리－ㅂ태　겔립－트
좋아하다	mögen, mochte, hat gemocht 뫼－갠　모흐태　게모흐트
좋은	gut 구－ㅌ
좋은 부활절 되세요!	Schöne Ostern! 쇠－네 오스턴!

한국어	독일어(발음)
좋지 않은, 나쁜	**schlimm** 슐림
좌석 선택 (단수로만 사용)	**Sitzplatzwahl (die)** 지츠플랕츠바−ㄹ
죄송합니다, 유감입니다	**tut mir leid** 투−트 미어 라이트
주	**Woche (die), die Wochen** 복해　　　　　　복핸
주(프랑스, 벨기에, 스위스) 지방 행정구역	**Kanton (der), die Kantone** 칸톤　　　　　　칸토−내
주 중에	**unter der Woche** 운터 데어 복해
주거공간 스타일	**Wohnstil (der), die Wohnstile** 보−ㄴ슈티−ㄹ　　　보−ㄴ슈티−ㄹ래
주거공간, 주택	**Wohnraum (der), die Wohnräume** 보−ㄴ라움　　　　보−ㄴ로이매
주거공동체	**Wohngemeinschaft (die),** 보−ㄴ−게마인샤프트 **die Wohngemeinschaften** 보−ㄴ−게마인샤프탠
주거면적	**Wohnfläche (die), die Wohnflächen** 보−ㄴ플랳해　　　　보−ㄴ플랳핸

한국어	독일어(발음)
주거지, 주택, 집, 숙소	Wohnung (die), die Wohnungen 보-눙　　　　　보-눙앤
주격, 1격	Nominativ (der), die Nominative 노미나티-프　　　　노미나티-배
주다	geben, gab, hat gegeben 게-밴　갑　게게-밴
주말	Wochenende (das), die Wochenenden 복핸앤대　　　　복핸앤댄
주말 세미나	Wochenendseminar (das), 복핸앤트제미나- die Wochenendseminare 복핸앤트제마나-래
주문장	Hauptsatz (der), die Hauptsätze 하우프트잩츠　　　아우프트잴채
주문하다	bestellen, bestellte, hat bestellt 배슈텔랜　　배슈텔태　　배슈텔트
주민	Einwohner (der), die Einwohner 아인보-너　　　　아인보-너
주부(主婦)	Hausfrau (die), die Hausfrauen 하우스프라우　　　하우스프라우앤
주석 형상(인형)	Zinnfigur (die), die Zinnfiguren 친피구-어　　　친피구-랜

한국어	독일어(발음)
주석인형 박물관	Zinnfigurenmuseum (das), 친피구-랜무제움 die Zinnfigurenmuseen 친피구-랜무제엔
주석인형 수집	Zinnfigurensammlung (die), 친피구-렌잠룽 die Zinnfigurensammlungen 친피구-렌잠룽앤
주소	Adresse (die), die Adressen 아드레쌔　　　　아드레쌘
주스	Saft (der), die Säfte 자프트　　　　재프태
주위를	um 움
주유소	Tankstelle (die), die Tankstellen 탕크슈텔래　　　　탕크슈텔랜
주의 수도	Landeshauptstadt (die), die Landeshauptstädte 란데스하우프트슈타트　　　　란데스하우프트슈태태
주의, 조심	Achtung! 악흐퉁
주의, 조심	Vorsicht (die) 포-어　히트

한국어	독일어(발음)
주의하다	aufpassen, passte auf, hat aufgepasst 아우프팟샌　　팟스태 아우프　　아우프게팟스트
주제, 테마	Thema (das), die Themen 테－마　　　　테－맨
주차장	Parkplatz (der), die Parkplätze 파－크플랕츠　　파－크플랱채
주차하다	parken, parkte, hat geparkt 파르캔　파르크태　게파르크트
죽다	sterben, starb, ist gestorben 슈테르밴　슈타릅　게슈토르밴
죽은	tot 토트
죽은 사람, 사자	Tote (der/die), die Toten 토－태　　　　토－탠
준비가 되어있다	bereit sein, war bereit, ist bereit gewesen 배라이트 자인　봐 배라이트　이스트 배라이트 게베－잰
중성의	neutral 노이트랄
중심부에 있는	zentral 첸트랄－
중심지,센터	Zentrum (das), die Zentren 첸트룸　　　　첸트랜

한국어	독일어(발음)
중앙	Mitte (die), die Mitten 미태　　　　　　미탠
중요성 (단수로만 사용)	Wichtigkeit (die) 비히틯히카이트
중요하지 않은	unwichtig 운빟티히
중요한	wichtig 빟히티히
즉	nämlich 냄맇히
즉시	sofort 조포르트
즐거운 명절 되세요!	Frohes Fest! 프로－애스 페스트!
즐거운 부활절 되세요!	Frohe Ostern! 프로－에 오스턴!
즐거운 크리스마스 되세요!	Frohe Weihnachten! 프로－에 바이낙흐탠!
즐거운, 명랑한, 우스운	lustig 루스틯히
즐거움	Freude (die), die Freuden 프로이대　　　　　　프로이댄

한국어	독일어(발음)
즐기다	genießen, genoss, hat genossen 게니-쌘　게노쓰　게노쌘
증기욕	Dampfbad (das), die Dampfbäder 담프바-트　담프배-더
증서, 허가증, 면허증 Studentenausweis 학생증, Personalausweis 신분증	Ausweis (der), die Ausweise 아우스바이스　아우스바이재
지갑	Brieftasche (die), die Brieftaschen 브리-프탓쉐　브리-프탓쉔
지금	jetzt 예츨트
지금 현재	im Moment 임 모-멘트
지금, 이제	nun 누-ㄴ
지나갔다	vorbeisein, war vorbei, ist vorbeigewesen 포-어바이 자인 바- 포-어바이 이스트 포-어바이게베-젠
지나쳐 가다, 걸어서 지나가다	vorbeigehen, ging vorbei, ist vorbeigegangen 포-어바이게-ㄴ 깅 포-어바이　포-어바이게강앤
지도	Karte (die), die Karten 카르태　카르탠
지도	Landkarte (die), die Landkarten 란트카르태　란트카르탠

한국어	독일어(발음)
지루한	**langweilig** 랑바일릴히
지망하다, 지원하다	**bewerben (sich), bewarb sich, hat sich beworben** 배베르밴 (짓히)　　배봐릅 짓히　　짓히 배보르밴
지불 청구서	**Rechnung (die), die Rechnungen** 렣히눙　　　　　　렣히눙앤
지불하다	**zahlen, zahlte, hat gezahlt** 차－ㄹ랜　차－ㄹ태　　게차－ㄹ트
지불하다, 계산하다	**bezahlen, bezahlte, hat bezahlt** 배차－ㄹ랜　　배차－ㄹ태　　　배차－ㄹ트
지속되다	**dauern, dauerte, hat gedauert** 다우언　　다우어태　　　게다우어트
지시대명사	**Demonstrativpronomen (das)** 데몬스타라티－프브로노－맨
지시에 따르다	**zur Verfügung stehen, stand zur Verfügung,** 추어 페어퓨－궁 슈테－앤　　　슈탄트 추어 페어퓨－궁 **hat/ist zur Verfügung gestanden** 추어 페어퓌－궁 게슈탄댄
지식	**Kenntnis (die), die Kenntnisse** 캔트니스　　　　　　캔트니쌔
지식(단수로만 사용)	**Wissen (das)** 비쌘

한국어	독일어(발음)
지역, 지대	Gebiet (das), die Gebiete 게비-트　　　　게비-태
지원, 지망, 지원	Bewerbung (die), die Bewerbungen 배베르붕　　　　배베르붕앤
지참하고 있다	dabei haben, hatte dabei, hat dabei gehabt 다바이 하-벤　하테 다바이　하트 다바이 게합트
지침	Anweisung (die), die Anweisungen 안바이중　　　　안바이중엔
지하철	U-Bahn (die), die U-Bahnen 우-바-ㄴ　　　우-바-낸
지하철 역	U-Bahn-Station (die), die U-Bahn-Stationen 우-바-ㄴ-슈타치오-ㄴ　　우-바-ㄴ-슈타치오-낸
지하층	Untergeschoss (das), die Untergeschosse 운터게쇼쓰　　　　운터게쇼쌔
직업	Beruf (der), die Berufe 배루-프　　　　배루-패
직업적인	professionell 프로페씨오낼
직원의 용건(업무)를 돌보는 관청의 분과	Personalreferat (das), die Personalreferate 페로조-날레퍼라-트　　페르조-날레퍼라-태
직종, 분야, 영역, 부문	Branche (die), die Branchen 브랑쉐　　　　브랑쉔

한국어	독일어(발음)
직통전화	Hotline (die), die Hotlines 하트라인　　　　하트라인즈
진료 예약 날짜	Arzttermin (der), die Arzttermine 아르츝트테어미-ㄴ　　아르츝트테어미-내
진술	Aussage (die), die Aussagen 아우스자-개　　　아우스자-갠
진실한	wahr 봐-
진심으로	herzlich 해르츨맄히
진심으로 축하합니다	Herzlichen Glückwunsch! 해르츨맄핸　글뤽분쉬!
진심으로 환영합니다	herzlich willkommen 해르츨맄히 빌콤맨
진짜의	echt 애힡트
질문	Frage (die), die Fragen 프라-개　　　　프라-갠
질문하다	fragen, fragte, hat gefragt 프라-겐 프락테　　게프락트
집	Haus (das), die Häuser 하우스　　　　호이저

한국어	독일어(발음)
집 전화번호	privat 프리바 – 트
집에 있는	zu Hause 추 – 하우재
집으로	nach Hause 낙흐 하우스
집의 출입문	Haustür (die), die Haustüren 하우스튀 – 어　　　　하우스튀 – 랜
집중력 문제(장애)	Konzentrationsproblem (das), 콘첸트라치온스프로블렘 die Konzentrationsprobleme 콘첸트라치온스프로블레 – 매
집중적인, 심도 있는	intensiv 인텐지 – 프
짙은 빨간색의	dunkelrot 둥캘로 – 트
짙은 색의	dunkel 둥캘
짝지어 연습하기	Partnerarbeit (die), die Partnerarbeiten 파트너아르바이트　　　　파트너아르바이텐
짧은 순간	Moment (der), die Momente 모 – 멘트　　　　모 – 멘태

한국어	독일어(발음)
짧은	kurz 쿠어츠
차(茶)	Tee (der) 테–
차례, 순서	Reihenfolge (die), die Reihenfolgen 라이엔폴개　　　　　　라이엔폴갠
차표	Fahrkarte (die), die Fahrkarten 파–카르태　　　　　파–카르탠
착수하다, 행하다, Man kann gar nichts unternehmen. 아무것도 (행)할 수 없다	unternehmen, unternahm, hat unternommen 운터네–맨　　　운터남–　　　　운터놈맨
참회절, 참회 화요일 (단수로만 사용)	Fasnacht (die) 파스낙흐트
창, 창문	Fenster (das), die Fenster 펜스터　　　　　　펜스터
창구(우체국, 은행)	Schalter (der) 샬터
창립된, 설립된, 세워진; 근거가 있는	gegründet 게그륀대트
창의력 (단수로만 사용)	Kreativität (die) 크레아티비태–트
창조적인	kreativ 크레아티–프

한국어	독일어(발음)
찾다, 구하다	suchen, suchte, hat gesucht 죽핸　　죽흐태　　게죽흐트
채용된	angestellt 안게슈텔트
채우다	ausfüllen, füllte aus, hat ausgefüllt 아웃스퓰랜　퓰테 아웃스　　아웃스게퓰트
채팅	Chat (der), die Chats 채트　　　　채츠
책	Buch (das), die Bücher 북흐　　　　뷩허
책꽂이	Bücherregal (das), die Bücherregale 뷩허레갈 –　　　　뷩허레갈 – 래
책상	Schreibtisch (der), die Schreibtische 슈라입티쉬　　　　슈라입티쉐
처녀	Jungfrau (die), die Jungfrauen 융프라우　　　　융프라우앤
처음에, 맨 먼저	zunächst 추 – 낵스트
천 년의	tausendjährig 타우잰트얘 – 리히
천연색	Naturfarbe (die), die Naturfarben 나투 – 어파르배　　나투 – 어파르밴

한국어	독일어(발음)
천연재료	Naturmaterial (das), die Naturmaterialien 나투－어마테리알　　　　　나투－어마테리알리엔
천천히	langsam 랑잠
천칭자리; 저울, 천칭, 균형	Waage (die), die Waagen 봐－개　　　　　봐－갠
철강 산업	Stahlindustrie (die), die Stahlindustrien 슈타－ㄹ인두스트리　　　　　슈타－ㄹ인두스트리－앤
철자	Buchstabe (der), die Buchstaben 북흐슈타－배　　　　　북흐슈타－밴
철자(綴字)로 말하다, 철자하다, (낱말을) 자모로 분해하다	buchstabieren, buchstabierte, hat buchstabiert 북흐슈타비－랜　　　북흐슈타비어태　　　북흐슈타비어트
철저히 점검하다, 조사하다	untersuchen, untersuchte, hat untersucht 운터죽핸　　　운터죽흐태　　　운터죽흐트
철회하다	absagen, sagte ab, hat abgesagt 압자－갠　　작테 압　　압게작트
첨가물	Zutat (die), die Zutaten 추타－트　　　추타－탠
청바지	Jeans (die) 지－ㄴ스
청소	Säuberungsarbeit (die), die Säuberungsarbeiten 조이버룽스아르바이트　　　　　조이버룽스아르바이탠

한국어	독일어(발음)
청소년(der-남자, die-여자)	**Jugendliche (der/die), die Jugendlichen** 유-겐틀릭해　　　　　유겐틀릭핸
청소하다	**putzen, putzte, hat geputzt** 풑챈　　풑츠태　　게풑츠트
체조 센터	**Gymnastikcenter (das), die Gymnastikcenter** 큄나스틱센터　　　　큄나스틱센터
쳇	**Igitt!** 이기트!
초대	**Einladung (die), die Einladungen** 아인라-둥　　　　아인라-둥앤
초콜릿	**Schokolade (die), die Schokoladen** 쇼코라-대　　　　쇼코라-댄
초콜릿으로 만든 니콜라우스	**Schokoladen-Nikolaus (der),** 쇼코라-댄-니콜라우스 **die Schokoladen-Nikoläuse** 쇼코라-댄-니콜로이재
총영사관	**Generalkonsulat (das), die Generalkonsulate** 게네랄콘줄라-트　　　　게네날콘줄라-태
최고의	**maximal** 막시마-ㄹ
최고의 직업 / 일자리	**Superjob (der), die Superjobs** 주-퍼좁　　　　주-퍼좁스

한국어	독일어(발음)
최상급	Superlativ (der), die Superlative 주-퍼라티프 　　　　주-퍼라티밴
최첨단의	supermodern 주-퍼모데른
최후의	letzt 렛츠트
추가적인 것	Extra (das), die Extras 엑스트라 　　　　엑스트라스
추서	PS 페에쓰
추운	kalt 칼트
추천	Empfehlung (die), die Empfehlungen 엠펠-룽 　　　　엠펠-룽앤
추측	Vermutung (die), die Vermutungen 페어무-퉁 　　　　페어무-퉁앤
추측하다	raten, riet, hat geraten 라-탠 리-트 　　게라-탠
추한	hässlich 해쓸맂히
축구	Fußball (der), die Fußbälle 푸-쓰발 　　　　푸-쓰밸래

한국어	독일어(발음)
축구경기	Fußballspiel (das), die Fußballspiele 푸－쓰발 슈피－ㄹ　　　푸－쓰발슈피－ㄹ래
축구를 하다	Fußball spielen, spielte Fußball, 푸－쓰발 슈피－ㄹ랜　슈필－테 푸－쓰발 hat Fußball gespielt 푸－쓰발 게슈피－ㄹ트
축제	Fest (das), die Feste 페스트　　　페스태
축하	Glückwunsch (der), die Glückwünsche 글뤽분쉬　　　글뤽뷘섀
축하, 축사	Gratulation (die), die Gratulationen 그라툴라치오－ㄴ　　　그라툴라치오－낸
축하하다	gratulieren, gratulierte, hat gratuliert 그라툴리－랜　그라툴리어테　그라툴리어트
출구	Ausgang (der), die Ausgänge 아웃스강　　　아웃스갱애
출발	Abfahrt (die), die Abfahrten 압파－르트　　　압파－르탠
출발하다	abfahren, fuhr ab, ist abgefahren 압파－랜　푸－어 압　압게파－랜
출발하다	losfahren, fuhr los, ist losgefahren 로－스파－랜 푸－어 로－스　로－스게파－랜

한국어	독일어(발음)
출생지	Geburtsort (der), die Geburtsorte 게부어츠오르트　　　게부어츠오르태
출신, 출생, 유래, 출저	Herkunft (die) 헤－어쿤프트
춤 강좌	Tanzkurs (der), die Tanzkurse 탄츠쿠어스　　　탄츠쿠르재
춤추다	tanzen, tanzte, hat getanzt 탄챈　　탄츠태　　게탄츠트
충고	Ratschlag (der), die Ratschläge 라－트슐락　　　라－트슐래－개
충고, 조언, 권고 (단수로만사용)	Rat (der) 라－트
충분히 자다	ausschlafen, schlief aus, hat ausgeschlafen 아우스슐라－펜　스리－프 아우스　　아우스게슐라－펜
취미	Hobby (das), die Hobbys 호비　　　호비스
취소	Absage (die), die Absagen 압자－개　　　압자－갠
측량 단위	Maßeinheit (die), die Maßeinheiten 마－쓰아인하이트　　　마－쓰아인하이탠
층	Stock (der), die Stöcke 슈톡　　　슈퇵캐

한국어	독일어(발음)
치료(요법)	Therapie (die), die Therapien 테라피 – 테라피 – 앤
치마	Rock (der), die Röcke 록 디 – 릭캐
치즈	Käse (der) 캐 – 재
치즈 빵	Käsebrot (das), die Käsebrote 캐 – 제브로 – 트 캐 – 제브로 – 태
친구(남자)	Freund (der), die Freunde 프로인트 프로인대
친애하는 ~씨 (여성 대상)	Sehr geehrte Frau... 제어 게에르테 프라우 …
친애하는 …씨 (편 지에 서두에 쓰는 문구) (남자대상)	Sehr geehrter Herr ... 제어 게에 – 르터 해어
친애하는 숙녀, 신사 여러분!	Sehr geehrte Damen und Herren 제어 게에 – 르태 다 – 맨 운트 해랜
친절어린 인사를 드리며 (편지의 맨끝에 쓰는 문구)	mit freundlichen Grüßen 미트 프로인틀링핸 그뤼 – 쌘
친절한	freundlich 프로인틀리히
친절한	nett 넽트

한국어	독일어(발음)
칠월(단수로만 사용)	Juli (der) 율-리
침대	Bett (das), die Betten 배트 배탠
침실	Schlafzimmer (das), die Schlafzimmer 슐라-프침머 슐라-프침머
카니발 축제	Karnevalsfest (das), die Karnevalsfeste 카르네발스페스트 카르네발스페스태
카니발, 사육제 (단수로만 사용)	Fasching (der) 파슁
카니발, 사육제 (단수로만 사용)	Karneval (der) 카르네발-
카테고리	Kategorie (die), die Kategorien 카테고리-애 카테고리-앤
칼라 광선치료(요법)	Farblichttherapie (die), die Farblichttherapien 파릅리히트테라피- 파릅리히트테라피앤
캐나다	Kanada 카나-다
캔, 깡통	Dose (die), die Dosen 도-재 도-잰
커브(도로의), 곡선	Kurve (die), die Kurven 쿠르베 쿠르벤

한국어	독일어(발음)
커피	Kaffee (der) 카페
커피숍	Café (das), die Cafés 카페 –　　　　　카페 – 스
컨디션이 좋은	fit 피트
컴퓨터	Computer (der), die Computer 콤퓨 – 터　　　　　콤퓨 – 터
컴퓨터 게임	Computerspiel (das), die Computerspiele 콤퓨 – 터슈피 – ㄹ　　　　　콤퓨 – 터슈피 – ㄹ래
컴퓨터 코스	Computerkurs (der), die Computerkurse 콤퓨 – 터쿠어스　　　　　콤퓨 – 터쿠르재
컴퓨터 팬	Computerfan (der), die Computerfans 콤퓨 – 터팬　　　　　콤퓨 – 터팬스
컴퓨터에 대한 지식 (복수로만 사용)	Computerkenntnisse (die) (Plural) 콤퓨 – 터캔트니쌔
케냐	Kenia 케니아
케이크	Kuchen (der), die Kuchen 쿡핸　　　　　쿡핸
코	Nase (die), die Nasen 나 – 재　　　　　나 – 잰

한국어	독일어(발음)
코스 시험	Kurstest (der), die Kurstests 쿠어스테스트　　　　쿠어스테스츠
코스 참가자	Kursteilnehmer (der) 쿠어스타일네－머
콘서트	Konzert (das), die Konzerte 콘체르트　　　　콘체르태
콘서트 시작 (단수로만 사용)	Konzertbeginn (der) 콘체르트베긴
콘서트 입장권	Konzertkarte (die), die Konzertkarten 콘체르트카르태　　　　콘체르트카르탠
콘센트	Steckdose (die), die Steckdosen 슈텍도－재　　　　슈텍도－잰
콜라	Cola (die), die Colas 콜－라　　　　콜－라스
쾌유를 빕니다!	Gute Besserung! 구－태 배써룽!
퀴즈 게임, 알아 맞추기 놀이	Ratespiel (das), die Ratespiele 라－태슈피－ㄹ　　　　라－태슈피－ㄹ래
크기	Größe (die), die Größen 그뢰－쌔 디－　　　　그뢰－쌘
크리스마스	Weihnachten (das) 바이낙흐텐

한국어	독일어(발음)
크리스마스 시장	Weihnachtsmarkt (der), die Weihnachtsmärkte 바이낙흐츠마르크트　　　　바이낙흐츠매르크태
크리스마스 직전의	vorweihnachtlich 포-어바이낙흐틀리히
크림	Sahne (die), die Sahnen 자-네　　　　자-낸
큰	groß 그로-쓰
큰 소리로	laut 라우트
클럽, 디스코	Disko (die), die Diskos 디스코　　　　디스코스
키위	Kiwi (die), die Kiwis 키위　　　　키위스
킬로	Kilo (das) 킬-로
킬로미터 (단수로만 사용)	Kilometer (der) 킬로메-터
타고 가다	fahren, fuhr, ist gefahren 파-렌　푸-어　게파-랜
타다	einsteigen, stieg ein, ist eingestiegen 아인슈타이갠　슈티-ㄱ 아인　아인게슈티-갠

한국어	독일어(발음)
탁자, 테이블, 책상	Tisch (der), die Tische 틧쉬　　　　　틧쉐
탄산수	Mineralwasser (das) 미네랄-밧서
탑, 첨탑	Turm (der), die Türme 투움　　　　　튀르매
탑오르기, besteigen ~에 오르다	Turmbesteigung (die), die Turmbesteigungen 투움배슈타이궁　　　　　투움배슈타이궁앤
태양, 해	Sonne (die), die Sonnen 존내　　　　　존낸
태어나다	geboren sein, war geboren, ist geboren worden 게보-랜 자인 봐-　게보-랜 이스트　게보-랜 보르댄
택시	Taxi (das), die Taxis 탁시　　　　　탁시스
택시 기사	Taxifahrer (der), die Taxifahrer 탁시파-러　　　　　탁시파-러
탱고 코스	Tangokurs (der), die Tangokurse 탕고쿠어스　　　　　탕고쿠르재
탱고(춤)	Tango (der), die Tangos 탕고　　　　　탕고스
터키	Türkei (die) 튀르카이

한국어	독일어(발음)
터키어	Türkisch 튀르키쉬
테니스 (단수로만 사용)	Tennis (das) 테니스
테니스를 치다	Tennis spielen, spielte Tennis, 테니스 슈피－ㄹ랜 슈필－태 테니스 hat Tennis gespielt 테니스 게슈필－트
테라스	Terrasse (die), die Terrassen 테라쌔　　　　　　테라쌘
텍스트	Text (der), die Texte 텍스트　　　　텍스태
텔레비전	Fernseher (der), die Fernseher 페른제－어　　　　　페른제－어
텔레비전 (단수로만 사용)	Fernsehen (das) 페른제－앤
텔레비전 방송	Fernsehsendung (die), die Fernsehsendungen 페른제－젠둥　　　　　　페른제－젠둥앤
텔레비전을 보다	fernsehen, sah fern, hat ferngesehen 페른제－앤　　자－ 페른　　페른게제－엔
토마토	Tomate (die), die Tomaten 토마－태　　　　토마－탠

한국어	독일어(발음)
토마토 소스	Tomatensoße (die), die Tomatensoßen 토마-텐조-쌔 　　　　 토마-탠조-쌘
토요일	Samstag (der), die Samstage 잠스타-ㅋ 　　　　 잠스타-개
토요일 아침 (단수로만 사용)	Samstagmorgen (der) 잠스탁모르갠
토요일 오후	Samstagnachmittag (der), 잠스탁낙흐미타-ㅋ die Samstagnachmittage 잠스탁낙흐미타-개
토요일 저녁	Samstagabend (der), die Samstagabende 잠스탁아-벤트 　　　　 잠스탁아-벤대
통 (작은), (작은) 잔	Becher (der), die Becher 뱃혀 　　　　 뱃혀
통계	Statistik (die), die Statistiken 슈타티스틱 　　　　 슈타티스티캔
투어, 관광	Tour (die), die Touren 투-어 　　　　 투-랜
트래킹화	Trekkingschuh (der), die Trekkingschuhe 트랙킹슈- 　　　　 트랙킹슈-애
특가 제공, 특매품	Sonderangebot (das), die Sonderangebote 존더안게보-트 　　　　 존더안게보-태

한국어	독일어(발음)
특별한	speziell 슈페치엘
특별한 관심, 특히 애호함, 편애	Vorliebe (die), die Vorlieben 포 – 어리 – 배 포 – 어리 – 밴
특수 배낭	Spezialrucksack (der), die Spezialrucksäcke 슈페치알룩작 슈페치알룩재캐
특수한	besondere 배존더래
특히	besonders 배존더스
틀, 테, 액자	Rahmen (der) 라 – 맨
틀린	falsch 팔쉬
틀림없이	sicher 짖허
틀림없이, 확실히, 정해진	bestimmt 베슈팀트
파도 타다	surfen, surfte, hat gesurft 써 – 팬 써 – 프태 게써 – 프트
파랑색의	blau 블라우

한국어	독일어(발음)
파운드	Pfund (das) 푼트
파트너	Partner (der), die Partner 파르트너　　　　　파르트너
파트너(여성)	Partnerin (die), die Partnerinnen 파르트너린　　　　파르트너린낸
파트너 인터뷰	Partnerinterview (das), die Partnerinterviews 파르트너인터뷰 –　　　　　파르트너인터뷰스
파트너와 학습활동하기	Partnerspiel (das), die Partnerspiele 파르트너슈필 –　　　　파르트너슈필 – 레
파티	Party (die), die Partys 파 – 티　　　　파 – 티스
파티 서비스	Partyservice (der), die Partyservices 파 – 티써 – 비스　　　　파 – 티써 – 비시스
판매활동, 판매행위	Verkaufsaktion (die), die Verkaufsaktionen 페아카우프스악치오 – ㄴ　　　　페어카우프스악치오 – 낸
팔	Arm (der), die Arme 아름　　　　아르매
팔다, 판매하다	verkaufen, verkaufte, hat verkauft 페어카우팬　　페어카우프태　　페어카우프트
팔월(단수로만 사용)	August (der) 아우구스트

한국어	독일어(발음)
팜플렛(소책자)	Informationsbroschüre (die), 인포마치온스브로쉬－래 die Informationsbroschüren 인포마치온스브뢰쉬－랜
패션	Mode (die), die Moden 모－대 디－ 모－댄
패션 쇼	Modenschau (die), die Modenschauen 모－댄샤우 모－댄샤우앤
패션-부띠끄	Mode-Boutique (die), die Mode-Boutiquen 모－대－부티－크 모－대－부티－캔
팩스	Fax (das), die Faxe 팍－스 팍－새
팬	Fan (der), die Fans 팬 팬스
페이지	Seite (die), die Seiten 자이테 자이텐
펜팔 친구	Brieffreund (der), die Brieffreunde 브리－프프로인트 브리－프프로인대
편지	Brief (der), die Briefe 브리－프 브리－패
편지	Schreiben (das), die Schreiben 슈라이밴 슈라이밴

한국어	독일어(발음)
편지에 쓰이는 인삿말	viele Grüße 피-르래 그뤼-쌔
평가하다	bewerten, bewertete, hat bewertet 배베르탠　　배베르테태　　배베르테트
평방미터	Quadratmeter (der), die Quadratmeter 크바드라-트메-터　　크바드라-트메-터
평일	Wochentag (der), die Wochentage 복핸타-ㅋ　　복핸타-개
포도	Traube (die), die Trauben 트라우배　　트라우밴
폴란드	Polen 폴-랜
폴란드 여성	Polin (die), die Polinnen 폴-린　　폴-린낸
폴란드어	Polnisch 폴-니쉬
폼 프리트, 포테이토	Pommes (die) (Plural) 포메스
표기하다(X)	ankreuzen, kreuzte an, hat angekreuzt 안크로이챈　　크로이츠태 안　　안게크로이츠트
표시하다	markieren, markierte, hat markiert 마-키-랜　　마-키어테　　마-키어트

한국어	독일어(발음)
표현	Ausdruck (der), die Ausdrücke 아웃스드룩　　　　아웃스드뤽캐
표현(방법), 숙어	Wendung (die), die Wendungen 벤둥　　　　벤둥앤
풍경	Landschaft (die), die Landschaften 란트샤프트　　　　란트샤프탠
프랑스어	Französisch 프란최 – 지쉬
프런트, 안내대	Rezeption (die), die Rezeptionen 레쳅치오 – ㄴ　　　　레쳅치오 – 낸
프로그램	Programm (das), die Programme 프로그람　　　　프로그라메
프리카델레 (독일식 비프스테이크)	Frikadelle (die), die Frikadellen 프리카델래　　　　프라카델랜
프린트	Drucker (der), die Drucker 드룩커　　　　드룩커
플랜카드, 벽보	Plakat (das), die Plakate 플라카 – 트　　　　플라카 – 태
피곤한, 고단한, 졸리는	müde 뮤 – 대
피이	Pfui! 프이!

한국어	독일어(발음)
피자	Pizza (die), die Pizzen 핏차　　　　　　핏챈
핀란드	Finnland 핀란트
핀란드 사람	Finne (der), die Finnen; Finnin (die), 핀네　　　　　핀넨;　　핀닌 die Finninnen 핀닌낸
핀란드어	Finnisch 핀니쉬
필요로하다	benötigen, benötigte, hat benötigt 배뇌－티갠　　배뇌－틱태　　배뇌－틱트
필요한	erforderlich 에어포덜맇히
하늘(단수로만 사용)	Himmel (der) 힘맬
하드 락 (단수로만 사용)	Hard-Rock (der) 하－어트－록
하루의 (어떤) 시각	Tageszeit (die), die Tageszeiten 타－게스차이트　　타－게스차이탠
하얀색의	weiß 바이쓰

한국어	독일어(발음)
하지만	aber 아 – 버
하지만	doch 독흐
학교	Schule (die), die Schulen 슐 – 래　　　　　슐 – 랜
학교에 가다	zur Schule gehen, ging zur Schule, 추어 슐 – 래 게 – 엔　　　깅 추어 슐 – 래 ist zur Schule gegangen 추어 슐 – 래 게강앤
학기	Semester (das), die Semester 제메 – 스터　　　　　제메 – 스터
학년, 학급	Schulklasse (die), die Schulklassen 슐 – 클라쌔　　　　　슐 – 클라쌘
학생 단체	Schulgruppe (die), die Schulgruppen 슐 – 그루패　　　　　슐 – 그루팬
학습 도움	Lerntipp (der), die Lerntipps 레른팁　　　　　레른팁스
학습 일지	Lerntagebuch (das), die Lerntagebücher 레른타 – 게북흐　　　　　레른타 – 게뷩혀
학습문제(장애)	Lernproblem (das), die Lernprobleme 레른프로블레 – ㅁ　　　　　레른프로블레 – 매

한국어	독일어(발음)
학업(단수로만 사용), 연구	**Studium (das)** 슈투 – 디움
학위 증서	**Diplom (das), die Diplome** 디플로 – ㅁ　　　　　디플로 – 매
한가운데	**mitten** 미탠
한달 임대료	**Monatsmiete (die), die Monatsmieten** 모 – 나트츠미 – 태　　　　모 – 나츠미 – 탠
한번	**einmal** 아인마 – ㄹ
할머니	**Großmutter (die), die Großmütter** 그로 – 쓰무터　　　　그로 – 쓰뮈터
할머니	**Oma (die), die Omas** 오 – 마　　　　오 – 마스
할아버지	**Großvater (der), die Großväter** 그로 – 쓰파 – 터　　　　그로 – 쓰패 – 터
할아버지	**Opa (der), die Opas** 오 – 파　　　　오 – 파스
할인	**Ermäßigung (die), die Ermäßigungen** 에어매 – 씨궁　　　　에어매 – 씨궁앤
할인, 세일, 공급	**Angebot (das), die Angebote** 안게보 – 트　　　　안게보 – 태

한국어	독일어(발음)
할인된	ermäßigt 애어매씨히트
함께	zusammen 추잠맨
함께 그리다	mitzeichnen, zeichnete mit, 미트차이히낸　차이해네태 미트 hat mitgezeichnet 미트게차이히내트
함께 머무르다	zusammen bleiben, blieb zusammen, 추잠맨 블라이밴　블리－ㅂ 추잠맨 ist zusammen geblieben 추잠맨 게블리－밴
함께 오다	mitkommen, kam mit, ist mitgekommen 미트콤맨　캄 미트　미트게콤맨
함께하다	mitmachen, machte mit, hat mitgemacht 미트막핸　막흐태 미트　미트게막흐트
항공권	Flugticket (das), die Flugtickets 플룩티켓　플룩티켓츠
항공기/비행기번호	Flugnummer (die), die Flugnummern 플룩눔머　플룩눔머른
항상	immer 임머

한국어	독일어(발음)
항스트레스 세미나	Anti-Stress-Seminar (das), 안티 – 스트레쓰 – 제미나 – die Anti-Stress-Seminare 안티 – 스트레쓰 – 제미나 – 레
해(일년)	Jahr (das), die Jahre 야 – (르)　　　야 – 래
해답	Lösungswort (das), die Lösungsworte 뢰 – 중스보르트　　　뢰 – 중스보르태
해답 문자	Lösungsbuchstabe (der), die Lösungsbuchstaben 뢰 – 중스북흐슈타 – 배　　　뢰 – 중스북흐슈타 – 밴
해양 스포츠 학교	Wassersportschule (die), die Wassersportschulen 봣서슈포 – 트슐 – 래　　　봣서슈포 – 트슐 – 랜
해피엔드, 행복한	Happy-End (das) 해피 – 앤드
핵심 사안	Schwerpunkt (der), die Schwerpunkte 슈베어풍크트　　　슈베어풍크태
핸드폰	Handy (das), die Handys 핸디　　　핸디스
핸드폰의	mobil 모비 – ㄹ
햄 샌드위치	Schinkenbrot (das), die Schinkenbrote 슁켄브로 – 트　　　슁켄브로 – 태

한국어	독일어(발음)
햄 소시지	Schinkenwurst (die), die Schinkenwürste 쉰켄부어스트　　　　　　쉰켄뷰르스태
햇볕이 비치는	sonnig 존닝히
햇빛(단수로만 사용)	Sonnenschein (der) 존낸샤인
행동 지침	Handlungsanweisung (die), 한들룽스안바이중 die Handlungsanweisungen 한들룽스안바이중앤
행운, 요행 (단수로만 사용)	Glück (das) 글뤽
허용된, etwas ist erlaubt ~가 허용되어	erlaubt 애얼라웁트
허용하다	lassen, ließ, hat gelassen 랏샌 리-쓰　　　　겔랏샌
헤어스타일	Frisur (die), die Frisuren 프리주-어　　　　프리주-랜
헬스 센터	Fitness-Studio (das), die Fitness-Studios 피트네스스투-디오　　　　피트네스스투-디오스
헬스상품	Fitnessangebot (das), die Fitnessangebote 피트네스안게보-트　　　　피트네스안게보-태

한국어	독일어(발음)
현대적인	modern 모데른
현실	Realität (die), die Realitäten 레알리태-트　　　레알리태-탠
현장 실습	Praktikum (das), die Praktika 프락티쿰　　　프락티카
현장에서 바로	vor Ort 포-어 오르트
현재	zurzeit, zur Zeit 추어차이트 추어 차이트
현재완료 (단수로만 사용)	Perfekt (das) 페르펙트
현재형 (단수로만 사용)	Präsens (das) 프래젠스
협회, 단체, 클럽	Verein (der), die Vereine 페어아인　　　페어아이내
형상, 몸매, 체격	Figur (die), die Figuren 피구-어　　　피구-랜
형성하다	bilden, bildete, hat gebildet 빌댄　　빌데태　　게빌데트
형제자매 (복수형 으로만 쓰임)	Geschwister (die) (nur Plural) 게슈비스터

한국어	독일어(발음)
호감이 가는, 마음에 드는, 공감의, 호의적인	sympathisch 짐파티쉬
호사, 사치, 화려	Luxus (der) 룩숫스
호수	See (der), die Seen 제 -　　제 - 엔
호칭, 말 걸기	Anrede (die), die Anreden 안레 - 대　　안레 - 댄
호텔	Hotel (das), die Hotels 호텔　　호텔스
호텔 프런트	Hotelrezeption (die), die Hotelrezeptionen 호텔레쳅치온　　호텔레쳅치오 - 낸
호화로운	luxuriös 룩수리외 - 스
홀로, 혼자서	allein 알라인
홈스테이 가족	Gastfamilie (die), die Gastfamilien 가스트파밀리 - 에　　가스트파밀리 - 엔
홈페이지	Homepage (die), die Homepages 호움페이지　　호움페이지스
화물 자동차	Lkw (der), die Lkws 엘카베　　엘카베스

한국어	독일어(발음)
화법의	modal 모다-ㄹ
화법조동사	Modalverb (das), die Modalverben 모달-베릎　　　　　모달-베르밴
화요일	Dienstag (der), die Dienstage 디-ㄴ스타-ㅋ　　　디-ㄴ스타-개
화요일에	dienstags 디-ㄴ스타-ㄱ스
화장(술)에 대한 상담	Kosmetikberatung (die), 코스메틱배라-퉁 die Kosmetikberatungen 코스메틱배라-퉁앤
화장실	Toilette (die), die Toiletten 토알레태　　　　　토알레탠
화장실	WC (das), die WCs 베-체　　　　베-체스
화장품	Kosmetik (die) 코스메-틱
확인하다	nachsehen, sah nach, hat nachgesehen 낙흐제-앤　　자- 낙흐　　낙흐게제-앤
확정된	definit 데피니트

한국어	독일어(발음)
환상적이고 낭만적인 분위기를 갖춘 스위트룸	Romantik-Suite (die), die Romantik-Suiten 로만틱스위-테 　　　　　로만틱스위-탠
환상적이고 낭만적인 분위기를 갖춘 호텔	Romantikhotel (das), die Romantikhotels 로만틱호텔 　　　　　로만틱호텔스
환영하다	willkommen 빌콤맨
활동성	Aktivität (die), die Aktivitäten 악티비태트 　　　　　악티비태탠
활력, 감격 (단수로만사용)	Elan (der) 엘란
황소; 황소자리	Stier (der), die Stiere 슈티어 　　　　　슈티-래
회사	Firma (die), die Firmen 피르마 　　　　　피르맨
회색의	grau 그라우
회전목마	Karussell (das), die Karussells 카루쎌 　　　　　카루쎌스
효과적인	effektiv 애펙티-프
후렴	Refrain (der), die Refrains 러프래- 　　　　　러프래스

한국어	독일어(발음)
후식	Dessert (das), die Desserts 데서트　　　　　데서츠
후진	rückwärts 뤽배르츠
후추	Pfeffer (der) 펠퍼
훈련, 연습	Training (das), die Trainings 트래-닝　　　　트래-닝스
훈련하다	trainieren, trainierte, hat trainiert 트라니-랜　트라니어태　트라니어트
훌륭한, 호화로운, 멋진	herrlich 해얼릫히
휴가	Urlaub (der), die Urlaube 우얼라웁　　　우얼라우배
휴식	Pause (die), die Pausen 파우재　　　　파우잰
흉내내다	nachmachen, machte nach, hat nachgemacht 낙흐막핸　　막흐태 낙흐　　낙흐게막흐트
흠(기침하는소리)	hm 흠
흥미로운	interessant 인터레싼트

한국어	독일어(발음)
희망, 소망	Wunsch (der), die Wünsche 분쉬　　　　　　　뷘셰
희망하다	wünschen, wünschte, hat gewünscht 뷘샌　　　뷘쉬태　　　게뷘쉬트
힘든	schwer 슈베－어
힙합－강좌	Hiphop-Kurs (der), die Hiphop-Kurse 히폽－쿠어스　　　　　히폽－쿠르재

Memo

Memo